ミネルヴァ日本評伝選

天命を奉り暴乱を討つ

大内義弘

平瀬直樹著

ミネルヴァ書房

刊行の趣意

「学問は歴史に極まり候ことに候」とは、先哲荻生徂徠のことばである。

歴史のなかにこそ人間の智恵は宿されている。人間の愚かさもそこにはあらわだ。この歴史を探り、歴史に学んでこそ、人間はようやくみずからの正体を知り、いくらかは賢くなることができる。新しい勇気を得て未来に向かうことができる。徂徠はそう言いたかったのだろう。

「ミネルヴァ日本評伝選」は、私たちの直接の先人について、この人間知を学びなおそうという試みである。日本列島の過去に生きた人々の言行を、深く、くわしく探って、そこに現代への批判を聴きとろうとする試みである。日本人ばかりではない。列島の歴史にかかわった多くの異国の人々の声にも耳を傾けよう。

先人たちの書き残した文章をそのひだにまで立ち入って読み、彼らの旅した跡をたどりなおし、彼らのなしとげた事業を広い文脈のなかで注意深く観察しなおす——そのとき、はじめて先人たちはいまの私たちのかたわらによみがえってくる。彼らのなまの声で歴史の智恵を、また人間であることのよろこびと苦しみを、私たちに伝えてくれもするだろう。

この「評伝選」のつらなりのなかから、列島の歴史はおのずからその複雑さと奥ゆきの深さをもって浮かび上がってくるはずだ。これを読むとき、私たちのなかに新たな自信と勇気が湧いてきて、その矜持と勇気をもって「グローバリゼーション」の世紀に立ち向かってゆくことができる——そのような「ミネルヴァ日本評伝選」にしたいと、私たちは願っている。

平成十五年（二〇〇三）九月

上横手雅敬
芳賀　徹

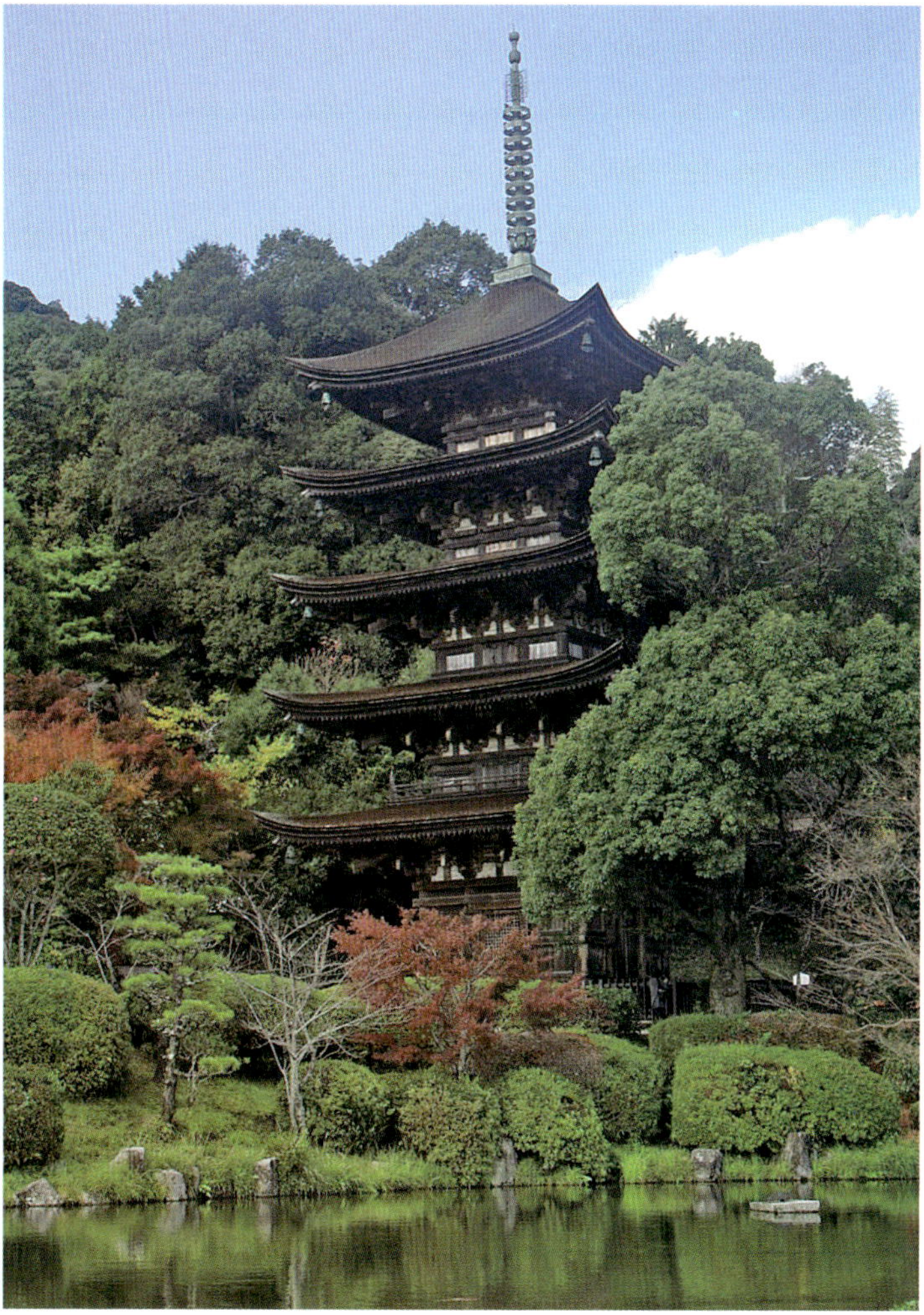

瑠璃光寺　五重塔

龍福寺本堂

明治時代に興隆寺の本堂が移築されたものである。

木造大内義弘坐像（修理後）

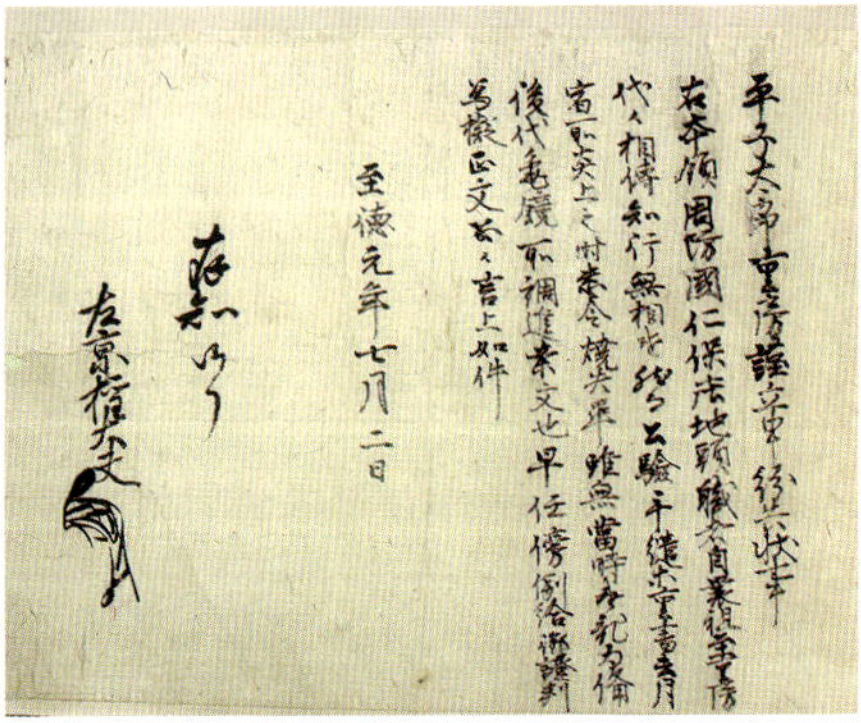

大内義弘証判（三浦家文書）

義弘は「左京権大夫（花押）」と署名し，平子太郎重房の持つ周防国仁保荘地頭職を保証している。

はしがき

読者のみなさんは、大内義弘という人物についてどのくらいご存知であろうか。一応、義弘は高校日本史の教科書で、「応永の乱」を引き起こして滅亡した人物として紹介されてはいるが、足利義満が室町幕府を安定させるうえで、その障害として排除された大名の一人という扱いでしかない。

しかし、「応永の乱」だけでなく、その後の「応仁・文明の乱」でも大内政弘が西軍のリーダーであったように、大内氏はしばしば室町時代の大乱に深く関わっている。そのように強大な勢力を持っていた大名であったにもかかわらず、現代で大内氏の知名度はけっして高くない。そのため、大内氏が小説やドラマに取り上げられることはまれで、大内義弘も歴史エンターテインメントの世界ではマイナーな存在である。彼を主人公とする映画やドラマは制作されておらず、小説では古川薫『炎の塔――小説大内義弘』（文藝春秋、一九八〇年）があるくらいのものである。

あまり世間に知られていない大内義弘であるが、「明徳の乱」や「南北朝合体」など幕府政治の節目に重要な役割を果たしており、室町幕府は彼の功績なくして統一政権となることはできなかったであろう。

このように幕府を支えていたにもかかわらず、最後に義弘は反乱を起こすのである。

義弘本人には大義名分があったが、この反乱は、弘世―義弘の二代にわたって築き上げた大内氏の幕府内での地位や獲得した支配領域を、元も子もなくしてしまうような危険な賭けであった。そして実際、最後に自己の不利を悟ると、義弘は主人である義満に「謀反」を起こしたことを自らが「天命」に背く行為であると後悔し、運が尽きたことを認めて潔く戦死してしまうのである。

義弘は幕府軍に敗れ、危険な賭けに負けたかに見える。そしてたしかに義弘は「謀反人」として滅ぼされた。ところが、乱ののち義弘の子孫は、「謀反人」という汚名を背負ったような様子はない。それどころか義弘の後継者たちはより強力な大名になり、ますます幕府からも頼られる存在になった。現に子孫には、義興のように「応仁・文明の乱」で衰えた幕府を支え、独自の政権を樹立する者や、義隆のように支配領域を最大に拡げた者も出ている。義弘自身が滅んでも、彼の死によって大内氏の歴史が終わったわけではないのである。義弘がどの程度自覚していたのかわからないけれども、彼自身が滅ぼされても、大内氏には後の世でさらに成長する「芽」が残されていた。

義弘は挙兵にあたり、「天命を奉《うけたまわ》り暴乱を討つ、まさに国を鎮めて民を安んぜしめんとす」（『寺門事条々聞書』、『県史』史料中世1）というスローガンを掲げている。これは興福寺に挙兵を要請する鎌倉公方の御教書の一節であるが、反乱を正当化する義弘の心情を代弁したものである。「天命」を奉じて足利義満の乱暴な政治を退け、それにより国を平和にして民を安心させたいという、いわば「世直し」の宣言である。義弘の生涯をドラマにたとえるならば、幕府への反逆はクライマックスにあたる大事なエピソードであり、反乱を起こす理由を述べたスローガンは彼を表現するキーワードとなろう。そこで、このスローガンの一部を本書の副題とすることにした。

大内義弘に関する研究書としては、すでに松岡久人『大内義弘』（日本の武将シリーズ二〇、人物往来社、一九六六年）が公刊されている。義弘の時代の大内氏について、政治的動向から領国支配制度までバランス良く書かれており、研究者はもとより一般の人々にも読みやすい本である。しかし、松岡氏著書からすでに半世紀が経っており、この間、『山口県史』史料篇中世1〜4、及び『山口市史』史料篇〈大内文化〉が公刊され、大内氏関係の文献史料のほとんどが利用できるようになった。あわせて大内氏やその周辺の武家に関わる遺跡の発掘も進展している。

このような状況から、文献調査及び考古学的発掘の最新の成果を踏まえ、本書で新たな大内義弘像を描くに至った。私が特に関心を寄せたのは、なぜ義弘は反乱を起こさなければならなかったのかという点である。足利義満と和解する選択肢はなかったのか、どのようにして蜂起するところまで追い込まれていったのか。反乱に至る過程は単純ではない。もう一つは、義弘自身が滅ぼされても、大内氏に成長の「芽」が残されていたのなら、義弘は大内の家に何を残したのかということである。読者のみなさんにもこの二点に注目して読んでいただければ幸いである。

最後に本書の構成について説明しておきたい。義弘の政治的・軍事的な動向は、第一〜三、六、七章で扱っており、義弘が足利義満への忠節から反逆に転ずる経緯について述べている。そして、義弘の動向からははずれるが、第四・五章では、義弘が支配した地域の特性に焦点を当てている。義弘の生涯について一気に読んでしまいたいと思われる方はここを省いて読んでもらっても構わない。第八章は義弘亡き後の時代を概観している。終章では、義弘と父である弘世、弟で後継者でもある盛見と対比させた。そうすることで義弘の生き様がより際立ってくるであろう。

大内氏の系譜

本書では大内氏の系譜をしばしば参照する。主要なものはいずれも近世に作成されたものであり、『山口市史』史料編〈大内文化〉に収録されている。本書でこれらの系譜を総称する場合は「系譜類」と呼ぶこととする。

また、本書に関係する人物に限り、「系譜類」をもとに作成した多々良氏・大内氏系図を以下に掲げる。

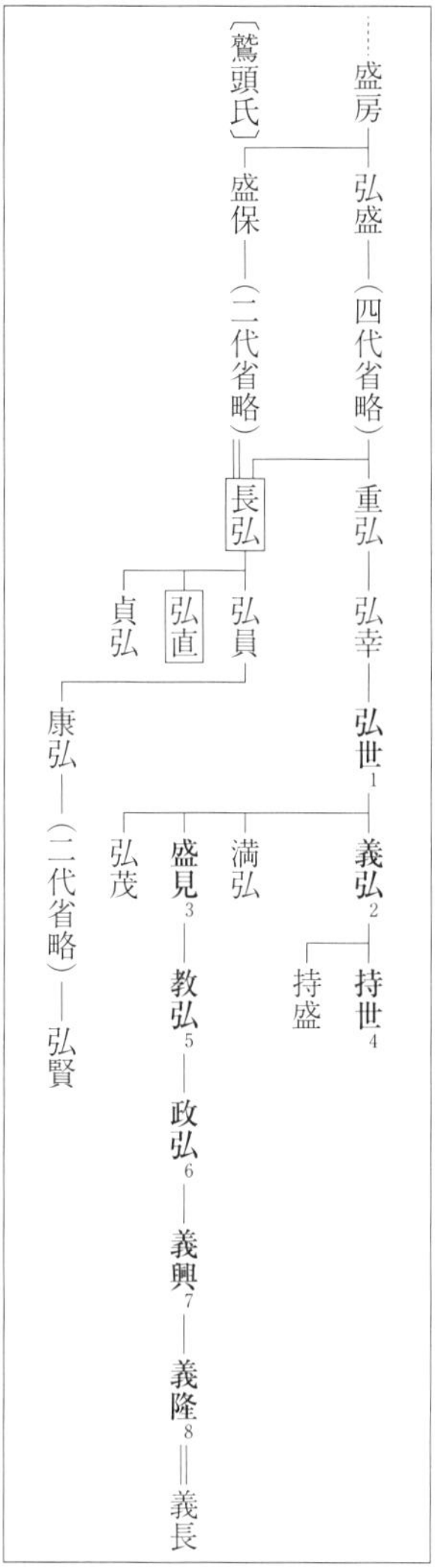

多々良氏・大内氏系図

※ 弘世以降の家督は太字で表し、特にアラビア数字を付して継承順を示している。
※ 長弘流の周防守護は四角で囲んでいる。

大内義弘——天命を奉《うけたまわ》り暴乱を討つ　目次

はしがき

第五章　支配領域の拡大……109

図版写真一覧

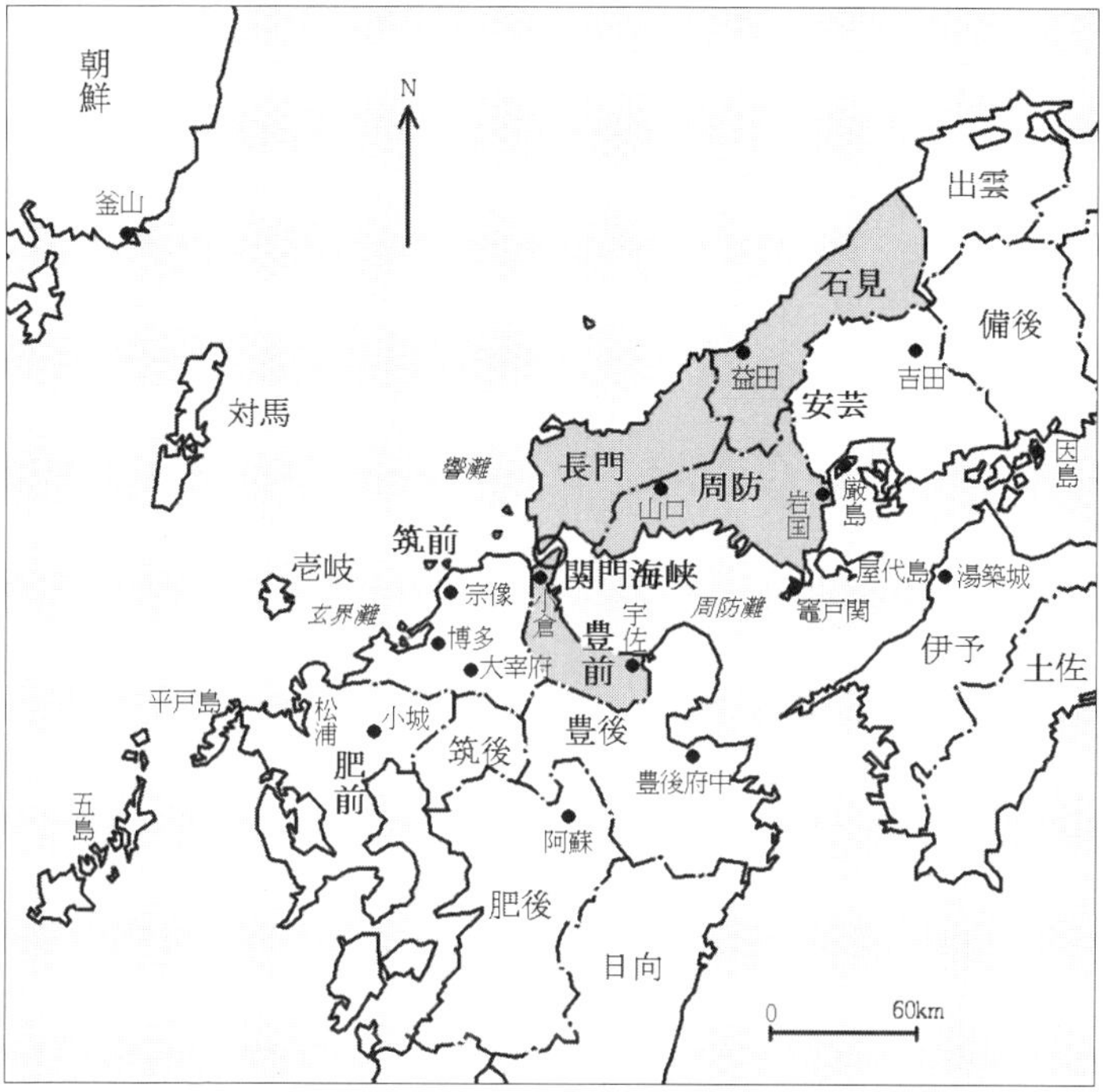

関門海峡の周囲に広がる大内氏の「世界」

序章　室町幕府と朝鮮王朝のはざまで

生い立ち

本書の主人公である大内義弘《おおうちよしひろ》は、南北朝時代に生まれ、室町時代初期の応永六年（一三九九）に戦死した大名である。義弘の出生年については、はっきりとした典拠はないが、『応永記』の記述が参考になるであろう。それによると、初めて九州に出兵した時（応安四年＝一三七一を指す）に十六歳であったという。これに従えば、延文元年（一三五六）頃に生まれたのであろう。死んだ時の年齢は四十四歳ということになる。

父は大内弘世《ひろよ》である。弘世は南北朝時代の動乱を乗り越え、自力で周防・長門両国を統一した。母の名前はわからない。伝来している大内氏の系図によれば兄弟・姉妹は多い。弟のうち満弘《みつひろ》は義弘と家督を争ったのち協力者となった。弘茂《ひろしげ》と盛見《もりみ》は義弘の死後、二人の間で後継者争いをし、盛見が勝利した。義弘の姉妹には、中国・九州の地域支配者に嫁いでいる者が多く見られる。嫁ぎ先は少弐《しょうに》・大友・山名といった有力外様大名や、宗像《むなかた》神社・厳島《いつくしま》神社といった有力な神社の神職である。

義弘が義満に対して忠節を尽くしたことのうち、主要なものは三つある。

一つ目は九州の南朝勢力を平定したことである。足利義満は幕府の覇権を完成させるため、九州探題今川了俊《りょうしゅん》（貞世）を九州に派遣した。しかし、了俊の手勢は少なく、実際に探題の軍事力を支えたのは義弘であった。応安四年（一三七一）、父弘世に従い、初めて九州に出陣して以来、義弘は了俊を支援するため、繰り返し九州に出兵した。永和三年（一三七七）、義弘は南朝方に大勝し、中央でその戦功が賞賛された。

二つ目は明徳の乱の平定である。明徳二年（一三九一）、山名氏一族の山名氏清《うじきよ》が幕府に反乱を起こし、京都に攻め込んできた。山名勢を迎え撃つ幕府軍のうち、大内勢は最も激しく山名軍の攻撃を受け止めた。義弘は、敵と斬り合って負傷しながら、幕府軍を勝利に導いた。そして、その功績により和泉・紀伊両国の守護に補任された。

三つ目は南北朝合体である。和泉・紀伊の守護になった義弘は、南朝の支配地域である河内・大和と隣接しているという地の利を活かし、合体交渉に尽力した。明徳三年（一三九二）、義弘の働きもあって南北両朝は合体した。

忠節から反逆

しかし、義弘は人生の最後の段階で態度を一変させ、義満に反逆する。康応元年（一三八九）以降、義弘は在京し、将軍の側近くで忠節に励んだが、応永四年（一三九七）以降、義弘と義満の関係は急速に悪くなる。やがて義弘は、義満が九州に培っていた義弘の勢力を密かに排除しようとしたり、和泉・紀伊両国の守護職を取り上げようとしたりする策略をめぐらせていると考えるようになる。義弘は単に自己の利益が損なわれることを不満としていたのではない。義満の政治が正義に基づいていないことに怒りを覚えたのである。そこで、応永六年（一三九九）、義弘は義満の政治を糾弾するために立ち上がった。一旦反旗を翻した義弘ではあるが、最初は堺（和泉国）に立て籠もり和戦両様の構えを見せていた。しかし、義満に代わって仕えるべき新たな主人として、将軍家に引けを取らない血統の鎌倉公方に期待を寄せると、義満との和睦の提案を拒否してしまう。こうして、鎌倉公方の挙兵を信じ、援軍を待ちながら、堺の城で幕府軍を一手に引き受けて戦うことになった。諸国では義弘に呼応して反幕府勢力も蜂起した。それでも結局、鎌倉公方は挙兵することはなく、ついに義弘は、堺で幕府軍との激しい戦闘ののち戦死してしまう。

人物像

義弘は常に軍勢の先頭に立って、自ら長刀を振るう「勇士」であった。命がけで忠義を貫くからこそ、「謀反人」になってまで、主人である将軍に対して正義を求めたのである。義弘の忠義の姿勢は、幕府と距離を置き、自力で勢力圏を拡大した父弘世の姿勢と大きく異なる。また、幕府軍と直接対決した点では、「応仁・文明の乱」で山名宗全とともに西軍を率いた大内政弘に負けずとも劣らないほど強力な軍事指導者である。

「勇士」としての愚直な性格を持つ反面、義弘は狡猾な政治交渉も行っていた。足利義満の権力基盤の弱さを見抜いて、今川了俊や大友親世《ちかよ》と大名間同盟を結ぼうとした。また、親世とともに義満に了俊のことを讒言して、了俊を九州探題から引きずり降ろすことに成功している。ところが、義弘は、了俊に対して讒言という陰険な仕打ちをしておきながら、後年、いよいよ義満との溝が深まると、鎌倉公方に挙兵を要請するため、了俊にその仲介を依頼している。

また、当時の多くの大名と同様、義弘には、将軍から高い評価を得てその一族に列せられることを喜び、朝廷から高い位階を与えられることをありがたがるような、中央志向の価値観があった。その一方で、朝鮮王朝から評価されることによって自己を認識しようとする海外志向の価値観も持っていた。一見矛盾するようではあるが、実はこの相異なる価値観は、相互に密接に関係している。将軍に忠節を遂げ、中央で高い評価を受ければ、九州で自己の勢力を拡大する道が開ける。九州での軍事行動が許されれば、倭寇を取り締まることができる。倭寇を制圧することができれば、朝鮮王朝から高い評価を得ることができる。朝鮮王朝とのパイプができれば、さらに将軍から頼られることになる。このように、義弘にとって九州での軍事行動の成功は、中央と海外の双方から高い評価を得ることができるという、有利な循環を生み出すことだったのである。

義弘は単に朝鮮王朝に友好的な態度を示しただけでなく、朝鮮王朝との同族意識も持っていた。義弘は応永六年（一三九九）、朝鮮王朝に対し、自らの先祖が百済の後裔であることを確認する調査を求めているが（『李朝実録』、『県史』史料中世1）、このようなことは、義弘以前の大内氏の当主は主張してこなかったことである。朝鮮王朝は、同族だとする義弘の固い信念に押され、義弘を仮に百済の始祖温祚王《おんそおう》の子孫である高氏の後裔であるとする調査結果を伝えることで、この問題の解決を図った。

義弘の人間像を特徴付ける最後の要素は、義弘が氏神として妙見を盛んに崇敬しているということである。義弘は室町幕府体制の中にあって、将軍家を尊びながらも、自己のルーツに独自の価値を与え、独特な守護神を持つに至った。こうして義弘は、自らを他の大名とは違った特別な存在とするアイデンティティーを確立していった。

　大内義弘は室町幕府と朝鮮王朝のはざまで生きた人物であり、本書では、事績を丹念に追い、その歴史的意義に説明を加えていきながら、スケールが大きく複雑な人物像を明らかにしたい。

足利義満木像

足利義満との関係

　義弘は足利将軍の初代である尊氏の時代に生まれ、三代将軍である義満の絶頂期に死んだ。義弘の半生を一言で言うと、「義満への忠節から反逆」である。義弘は義満の政治の節目、節目に深く関わっており、足利義満はいわば本書の「もうひとりの主人公」とも言える存在である。

　義満は応安元年（一三六八）に将軍となり、応永元年（一三九四）に将軍職を子の義持に譲ったあとも、応永一五年（一四〇八）に死去するまで幕府の実権を握り続けた。義満以降は、将軍家の当主が引退後も実権を握っており、当時の人々はこのような幕府の最高権力者を「公方《くぼう》」または「室町殿《むろまちどの》」と呼んでいた。

　義弘は応安四年（一三七一）に幕府の出兵要請に応じてから

応永六年（一三九九）に反乱を起こすまで、ずっと「公方」（室町殿）としての足利義満に仕え続けたことになる。そのため、義弘が仕えていた期間の義満は、一貫して「公方義満」、あるいは「室町殿義満」と呼ぶのが適切であるが、一般の読者にとってこれらの呼び方はなじみがないように思われる。そこで、本書では、特に必要な場合以外はこれらの呼称を用いず、単に「足利義満」または略して「義満」と呼んでおきたい。

主要な史料集

大内氏が領国内外の武士や寺社に発給した文書は膨大である。近年に編纂された『山口県史』史料編中世1～4によって、これらの文書や大内氏関係の記録の大多数を見ることが可能となった。これ以外にも参照すべき史料集は多い。

本書で用いる公刊された主要な史料集の略称は以下のとおりである。このほかの史料集は巻末「参考文献」に掲げることとする。

・『大日本古文書家わけ～文書』→大日古『～文書』
・『防長風土注進案』第一～二一巻（山口県文書館編修・山口県立図書館発行、一九六一年～六四年）→『注進案』一～二一。『注進案』は長州藩が天保年間に編纂した藩内各村の地誌
・『萩藩閥閲録』第一～四巻（山口県文書館編集・発行、一九六七年～七一年）→『閥閲録』一～四。長州藩が享保一一年（一七二六）に編纂した藩士家伝来の古文書集
・『防長寺社由来』第一～七巻（山口県文書館編集・発行、一九八二年～八六年）→『寺社由来』一～七。

長州藩が享保三年（一七一八）に編纂を開始した藩内寺社の由来書
・『南北朝遺文』九州編→『南九』
・『南北朝遺文』中国四国編→『南中』
・『山口県史』史料編中世1〜4（山口県編集・発行、一九九六年〜二〇〇八年）→『県史』史料中世1〜4

また、本書では『応永記』を随所で参照している。『応永記』はいわゆる軍記物であり、文書・記録に比べ史料的価値は劣る。しかしながら、応永の乱、及び乱に関係する事柄について詳しい記述を載せており、これに代わる文献史料もないため、『応永記』の持つ情報は貴重である。『応永記』は別名『大内義弘退治記』ともいい、群書類従二十と岩波文庫に収められている。また、『応永記』の異本が『堺記』であり、『尊経閣文庫蔵　堺記』（和泉書院、一九九〇年）に収められている。『応永記』は記録的な性格が強く、『堺記』は語り物的な性格が強いと言われている（加地宏江「『堺記』と『応永記』との相違」）。本書では主として『応永記』を用いる。

第一章　大名への成長

1　多々良氏から大内氏へ

大内氏が周防・長門両国を支配する大名となるまでには、一族の長い歴史があった。大内氏はもともと多々良《たたら》氏という周防国を代表する武士団であった。

多々良氏という武士団

多々良氏の歴史は、文献のうえでは平安末期までしか遡ることができない。その初見は治承二年（一一七八）一〇月に、多々良盛保《もりやす》・同盛房《もりふさ》・同弘盛《ひろもり》・同忠遠《ただとお》の四名が流刑地から戻されたという『玉《ぎょく》葉《よう》』の記事である。ちょうど同年七月には、「鹿ケ谷《ししがたに》の謀議」に加わって流罪になった藤原成経《なりつね》と平康頼《やすより》が流刑地から召還されている。「鹿ケ谷の謀議」とは、公家や僧が密かに平家を倒そうとした事件であるが、同じような時期に、京都の貴族の日記である『玉葉』にわざわざ地方の武士の動静が記されたことの意味は軽くない。おそらく、多々良氏の四名も平家に反抗し、この事件に連なっていたのであろう。

「系譜類」によれば、先に掲げた流刑者の筆頭に記されている多々良盛保は鷲頭《わしず》氏の祖とされている。一方、盛房―弘盛は父子で、こちらの系統は周防国吉敷《よしき》郡大内村を所領としており、その家督は、大内という地名から「大内介」と呼ばれていた。この系統はのちに守護大内氏に発展し、本書ではこれを「大内介一族」と呼ぶこととする。「系譜類」によれば、平安末期以降、多々良氏一門は周防国内に散らばり、その所領の地名を名乗っていた。多々良氏一門で主要なものには、鷲頭氏や大内介一族のほか、宇野、野田、黒川、陶《すえ》、問田《といだ》、右田《みぎた》、末武《すえたけ》などの諸氏が見られる。

多々良氏が多々良荘を発祥の地としたことは想像にかたくないが、実は多々良氏と周防国佐波《さば》郡にある多々良荘の関係ははっきりしない。鎌倉時代初頭、幕府は関東から移住した平子《たいらご》氏に多々良荘の地頭職を与えており（三浦家文書一、大日古『熊谷家文書・三浦家文書・平賀家文書』）、多々良氏の所領にはなっていない。多々良荘は多々良氏が反平家の立場に立ったため、平家によってすでに没収されていたのではないだろうか。そのため、根本所領を失った多々良氏は、一門が周防国内に散らばり、それぞれが所領を持ち、鎌倉時代の間に独立した武士団として成長したのであろう。

在庁官人と御家人

多々良氏は周防国の在庁官人としても力をふるった。在庁官人とは、平安時代中期から鎌倉時代にかけて、諸国の国司のもとで国衙（国の役所）の行政を担った役人である。諸国の在庁官人の多くは武士化しており、周防国においても例外ではなく、多々良氏が在庁官人に進出したことと、その根本所領である多々良荘が周防国府に近い所にあったことは無関係ではない。

　鎌倉時代に、多々良氏のうち大内介一族は、国衙の惣追捕使《そうついぶし》職及び案主《あんじゅ》所の兄部《このこうべ》職を持っており（東大寺文書一・二四・二一一、『防府市史』史料Ⅰ）、問田氏は検非違所《けびいしょ》の兄部職を、右田氏は健児所《こんでいしょ》の兄部職を持っていた（上司家文書一五、『防府市史』史料Ⅰ）。「〜所」というのは国衙の行政を分掌する部門のことであり、「兄部職」というのは各部門の長である。このように、在庁官人多々良氏は一門で周防国衙の各部門の長を分け持ち、周防国の行政を牛耳っていたのである。

　また、平安末期から多々良氏一門のうち特に有力であった大内介一族と鷲頭氏は、鎌倉時代、ともに幕府御家人となっていた。先に述べたように、大内介一族は在庁官人を兼ねているが、鷲頭氏の方は在庁官人としての活動は確認できない。両者は、それぞれ幕府から「惣領」という地位を与えられていた。「惣領」とは、鎌倉幕府が諸国の御家人の中から有力な者を選び、一門が軍役や造営役を果たすための統率者としたものであるが、「惣領」と一門内の同族は主従関係にはなかった。このような「惣領制」は鎌倉時代の武士団に特有な一族の結合の仕方である。

大内と多々良

　大内介一族が称している「介《すけ》」という官職名には重要な意味がある。彼らは代々周防国の「権介《ごんのすけ》」を名乗っていたので、大内介と呼ばれるようになった。平安末期以来、諸国の在庁官人のうち、有力な者が勝手に「権介」を名乗るようになる（峰岸純夫「治承・寿永内乱期の東国における在庁官人の「介」」）。これは国司の長官である「守《かみ》」に次ぐ「介《すけ》」になぞらえた、在庁官人の有力者という意味である。このように「権介」を名乗っていた武士としては、相模国の三浦介、上総国の上総介、下総国の千葉介、加賀国の富樫《とがし》介などが有名である。周防国でも大内介は現地で国司に次ぐ実力を持った在庁官人の首領であった。

鎌倉時代の大内介一族の所領は、同時代の所領目録である「大内介知行所領注文」（東大寺文書一・二四・二二一、『防府市史』史料Ⅰ）から、周防国内に広く散らばっていたことがわかる。この所領目録を見ると、吉敷《よしき》郡には本拠地の大内村のほか、その北西に宇野令《うのりょう》がある。また、大内村の南には矢《や》田令《たれい》が見える。佐波《さば》郡には国府のある佐波令《さばれい》があり、その北西で大内村と国府を結ぶ道の途中に下右《しもみぎ》田《た》が位置している。佐波令の南には国府の外港である国符《（府）》浜がある。都濃《つの》郡では富田保《とんだのほ》が見える。玖《く》

大内介所領目録

国	郡	所領
周防国	吉敷郡	矢田令
		宇野令
		大内村
		宮野
		大海
	佐波郡	佐波令
		国符浜
		下右田
	都濃郡	小津馬嶋
		富田保一分地頭
	玖珂郡	由宇郷
		通津郷
		横山
		日積村
	不明	本庄
	国衙所職	案主所職
		惣追捕使職

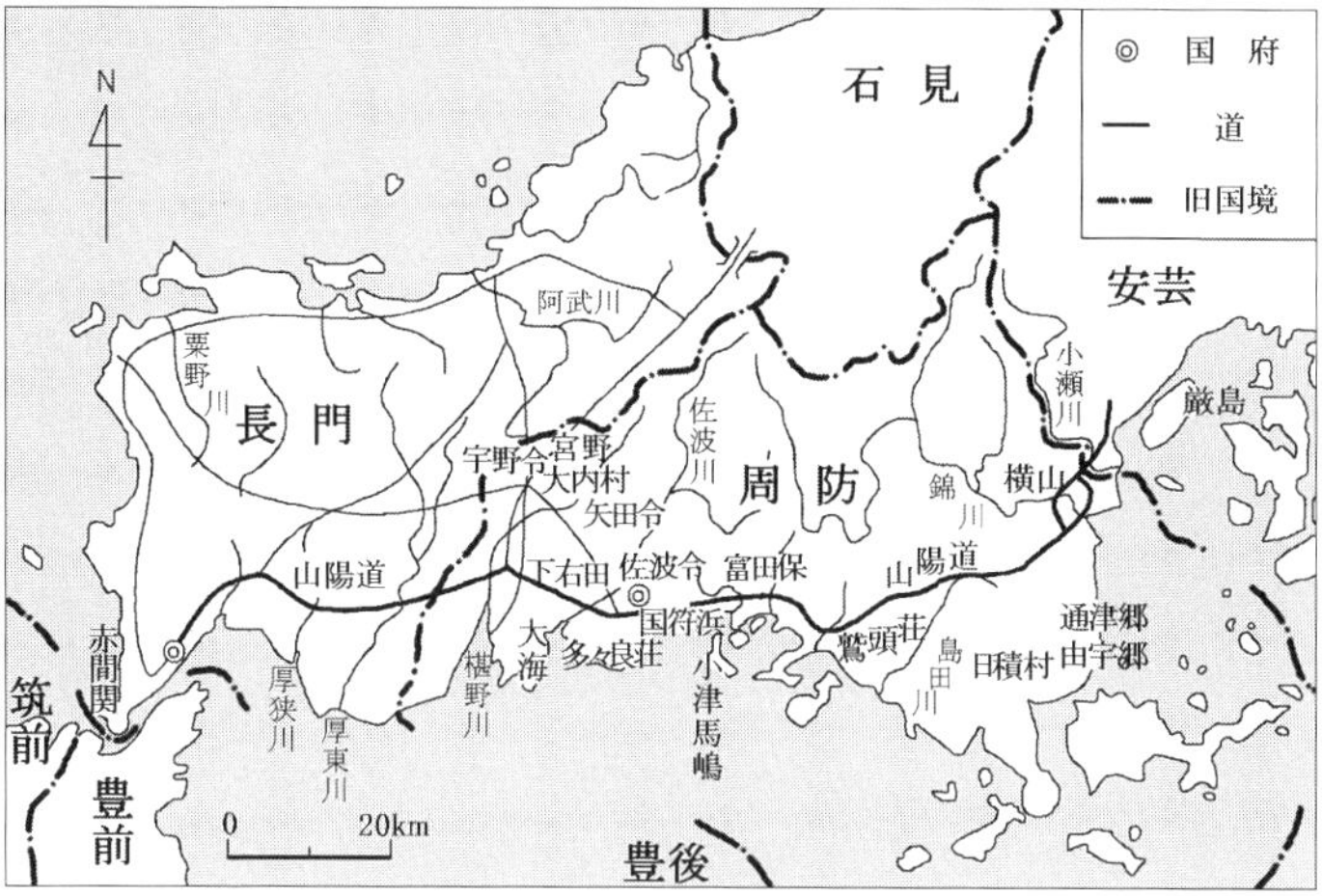

大内介及び鷲頭氏所領分布図

珂《が》郡には瀬戸内海に面した港湾のある由宇《ゆう》郷、通《つ》津《づ》郷がある。このように、大内介一族は国衙領に由来する「令」や「保」という所領を有しており、下右田、国符浜、由宇郷、通津郷といった陸海の交通の要衝も押さえていたのである。

ここで、大内氏の「大内」という家名について、そのような家名になった経緯に触れておきたい。実は、鎌倉時代に周囲から「大内介」と呼ばれた者は、自分で署名する際は、「権介多々良宿祢《すくね》」や「権介多々良弘盛」というように「多々良」姓を名乗っていた。南北朝時代になっても同様であり、大内弘世・義弘父子は、「大内介散位《さんに》多々良弘世・同子息多々良義弘」という署名に見られるように、正式には「多々良」姓であった。やがて、大内介一族が広く名を知られるようになると、大内義弘の時代までにこの一族は「大内」という家名で世間に認知されるようになったのである。

ところが、中央で「大内」の名声が高まったにもかかわらず、義弘は「多々良」の姓にこだわった。その理由は、同じような時期に、石見国の有力国人の益田氏が「御神本《みかもと》」を正式な名乗りにしていたことから類推できる。この頃、益田氏は、周布氏、三隅氏、福屋氏などの同族に対し、本来の姓が「御神本」であると主張し始めた（井上寛司・岡崎三郎編集・執筆『史料集・益田兼見とその時代―益田家文書の語る中世の益田（一）―』）。益田氏はあえて本来の姓というものを持ち出し、その名のもとに周辺の武士に同族意識を持たせ、その頂点に君臨しようとしていた。そこで、義弘もまた益田氏と同様に、周防の各地に散らばって所領を持ち、独立していた大内氏の同族を、本来の姓である「多々良」の名のもとに糾合しようとしたのであろう。義弘にとって、「多々良」という姓を名乗ることには、周防国内の同族の統率者であるという重要な意義があったと思われる。

大内介一族の分裂

元寇以降、朝廷は二つの皇統に分かれ、幕府は御家人の信頼を失い、中央権力は動揺をきたした。一方、周防国では大内介一族が兄弟で覇権を争いながらも、中央権力との高い交渉能力によって、周防国内外の武士たちから頼られていた。

重弘《しげひろ》・長弘《ながひろ》の兄弟はともに惣領の立場にあり、兄の重弘は東大寺内部を分裂させる工作を行い、さらに、朝廷に働きかけることによって、文保二年（一三一八）頃、東大寺が現地に派遣した国司上人《こくししょうにん》を罷免させた（松岡久人「鎌倉末期周防国衙領支配の動向と大内氏」）。実は周防国の国司は特殊であり、文治二（一一八六）年、朝廷が東大寺再建のため周防国を造営料国として以来、実質的な国司は東大寺であった。

弟の長弘も鎌倉時代末期、建武二年（一三三五）からさほど遡らない頃に、石見の有力国人の益田氏から地頭職をめぐる訴訟を依頼され、代官を鎌倉に派遣している（大日古『益田家文書』一—一—（二））。

田中大喜氏によれば、南北朝時代の武士の「家」は、足利尊氏・直義の場合のように兄弟で物領となることが普通であったが、南北両朝の分裂にともない、結局「家」の分裂を引き起こすという。そして兄弟で物領となる構造を克服し、一族が一人の家督を推戴する構造へ移行するということである（田中大喜「南北朝期武家の兄弟たち—「家督制」成立過程に関する一考察—」）。

大内介一族の場合も、南北朝時代になると重弘流と長弘流が周防国の覇権を争うようになる。それは、国内の安定のために、大内介一族も鎌倉時代以来の多々良氏の惣領制的な結合を改め、「惣領」の地位を「主人」に上昇させ、庶子家を家臣団に編成する必要に迫られていたからであろう。

2　父弘世の時代

弘世の台頭

建武三年（一三三六）、大内介一族の庶流の大内長弘は、隣国長門の厚東《ことう》氏とともにいち早く北朝方に就き、嫡流に先んじて周防守護に補任された。長弘は、同年二月以降、厚東武実《たけざね》とともにたびたび兵船を派遣し、南朝方によって京都を追われた足利尊氏を支援している（『梅松論』）。このあとしばらく嫡流は、庶流の周防守護（長弘—弘直）に従って雌伏していた。

貞和四年（一三四八）、足利直冬《ただふゆ》が幕府から長門探題に補任された。直冬が中国地方に進駐してくると、貞和五年（一三四九）から貞治二年（一三六三）にかけて、重弘流・長弘流はともに足利直冬方に属した。やがて、足利氏の内紛である「観応《かんのう》の擾乱《じょうらん》」が周防・長門両国にも及び、直冬が父尊氏に反抗して南朝方に付くと、重弘流・長弘流ともに南朝方に付いた。このあと、重弘流・長弘流いずれも直冬の勢力にうまく乗り、幕府による規制の外で支配領域を拡大していったようである。

観応元年（一三五〇）の前後の一時期、北朝は大内氏以外の者を周防守護に補任している。この頃、重弘流の家督は大内重弘の孫である弘世《ひろよ》が継いでおり、彼は大内長弘の子である弘員《ひろかず》と協同し、北朝方の守護が派遣した代官や守護代と戦っている（『閥閲録』三、内藤小源太）。ところが、文和元年（一三五二）九月以前に再び長弘流の大内弘直《ひろなお》（長弘の子）が周防守護となると、大内弘世は、長弘流に対して決戦を挑んだ。弘世は鷲頭氏の本拠地である鷲頭荘に攻め寄せ、荘内の白坂山に布陣し、長弘流の大内貞弘《さだひろ》と戦った（『閥閲録』三、内藤小源太）。このあと周防国内は混乱し、文和二年（一三五三）以後の十年間、だれが守護であったかわからない状態に陥った（佐藤進一『室町幕府守護制度の研究―南北朝期諸国守護沿革考証編―』下）。

一方、足利直冬は山名氏や桃井《もものい》氏など中国地方の武将を率い、文和四年（一三五五）、京都に進軍していった。そうすると、直冬・幕府ともに京都方面での戦争に忙しく、中国地方の武士の軍事行動を制止することが困難になった。そこで、弘世はこの機会をとらえ、周防国を席巻するとともに隣国の長門にも進出し、長門守護の厚東《ことう》氏を攻撃した。

弘世は延文三年（一三五八）六月二三日に長門国府（長府）に入部し、同日に長門一・二宮に参詣した（『長門国守護職次第』、『県史』史料中世1）。これは弘世が長門国を制圧したことを意味する。そして、隣国に進出できたということは、それ以前に周防国はある程度平定していたということになる。幕府からまだ正式には長門守護に補任されていない段階であったが、事実上、弘世は延文三年（一三五八）に周防・長門両国を平定したということができる。それでも、この段階では前守護の厚東氏の残党がおり、翌延文四年（一三五九）、弘世はようやく国府に近い四王寺城を攻め落とし、大将の「厚東南殿」と富永又三郎を討ちとった（『長門国守護代記』、『県史』史料中世1）。

住吉神社本殿

弘世は長門国、とりわけ赤間関を支配することで、関門海峡の制海権を握ることができるようになった。応安三年（一三七〇）に長門国一宮である住吉神社の造営を行ったことは、弘世による関門海峡支配の宣言であったといえよう。この神社には現在も弘世が造営した本殿（国宝）が残っている。五つの神殿が連結した九間の長大な社殿である（郷土の文化財を守る会『長門国一の宮住吉神社』）。弘世は長門国に進出するとさっそく、古くから敬われて来た神社の建て替えを実行し、国内住民に安心感を与えようとしたのであろう。以後、大内氏は代々、関門海峡を押さえることによって繁栄していく。

弘世の実力

貞治二年（一三六三）、幕府は、南朝方の巨頭である大内・山名両氏を相次いで北朝に付くよう誘った。大内・山名両氏は、表向きには幕府への「降参」という体裁を装った。しかし、両氏は北朝に寝返る見返りとして、実効支配した領域を将軍義詮《よしあきら》に認めさせた（桜井英治『室町人の精神』）。こうして、同年（一三六三）、弘世は幕府から正式に周防・長門両国の守護に補任されることになった。重弘・長弘両流による大内介一族の分裂に終止符を打つとともに、正式に室町幕府体制内の存在になったのである。

室町幕府との関係で着実に力を増してきた弘世であるが、幕府体制に加わるということは、反面、将軍に讒言されたり、将軍の機嫌を損ねたりしないように用心することが必要になったということである。弘世は周防・長門両国の守護となった翌年の貞治三年（一三六四）、さっそく幕府から南朝勢力を平定するため九州出兵を命じられた。しかし、彼は将軍の期待に反し、豊前国で南朝方に敗れてしまう。先に、弘世は長門守護であった厚東義武を追い払ったが、義武は九州に渡り、南朝方の菊池武《たけ》勝《かつ》と連合していたのだ。弘世はこれに先制攻撃をかけるため、三千騎で豊後国に押し寄せた。しかし、逆に弘世は菊池勢に包囲されてしまう。降参してなんとか命を助けられ、帰国したのである（『太平記』）。守護に補任されたばかりでの失態に、将軍義詮の不興を買う恐れが生じた。何か挽回策を講じたいところ、弘世が取った策は九州から一転して上洛し、京都で大盤振る舞いをすることであった。

『太平記』には、弘世が京都で幕府の要人から庶民に至るまで、金品をばらまいた様子が描かれている。

> 在京の間、数万貫の銭貨・新渡の唐物等、美を尽して、奉行・頭人・評定衆・傾城・田楽・猿楽・遁世者まで是を引き与へける間、此人に増さる御用人有るまじと、未だ見へたる事もなき先に、誉めぬ人こそ無かりけれ、世上の毀誉は善悪にあらず、人間の用捨は貧福に在りとは、今の時をや申すべき

右の一節にある奉行・頭人・評定衆《ひょうじょうしゅう》というのは幕府の役所の要職に就く者たちである。傾城《けいせい》（遊女）・田楽・猿楽・遁世者《とんぜもの》というのは、将軍や在京大名のもとに出入りして取り入る芸能者たちである。弘世は在京の間、数万貫の銭貨や唐物《からもの》（中国から輸入した珍品）等を、これらの者たちに気前よく分け与え、彼らの歓心を買った。まだ弘世に会ったこともないのに、この人に勝る役に立つ人はいないと、自分を誉めるように仕向けたという。これは将軍に直接評価されることを狙ったのではなく、自分についての良い評判が間接的に将軍や幕閣の耳に入るように画策したということであろう。この一節の中で、『太平記』の著者は、弘世の行為について、金品をくれるような富者が世上で高く評価されていると嘆いている。しかし、弘世はその財力と外国との友好関係を活用することによって、九州での失策をカバーした。つまり、京都での評判を落とさないように、将軍の取り巻きを上手に利用

鎌倉末期の松崎天神社

興隆寺伽藍図

し、すぐに手を打ったのだ。お蔭で将軍から何のお咎めもなかったようである。弘世の実力が軍事力だけではなく、経済力や外国との良好な関係にも支えられていたことを如実に物語るエピソードである。

家臣団と寺社

弘世は周防守護として国内の寺社を保護していた。周防国内では大内村にある氷上山《ひかみさん》興隆寺、大内村に近い問田《といだ》の仁平寺《にんぺいじ》、防府にある松崎天神社《まつざきてんじんしゃ》（現在の防府天満宮）がそうである。大内氏はとりわけ天台宗の氷上山《ひかみさん》興隆寺を氏寺として大切にしていた。それは天台宗寺院としての性格よりも、境内の氷上山妙見社で大内氏の氏神の妙見を祀っていたことによる。一方、大内氏は同じ天台宗の仁平寺に対して、比叡山延暦寺に連なっているという権威を求め、崇敬していたと思われる。仁平寺では、観応三年（一三五二）、大内弘幸・同弘世父子をはじめ大内氏家臣がこぞって堂供養を行っている（興隆寺文書八二、『県史』史料中世3）。また、松崎天神社は周防国府に隣接しており、歴代の国司は周防国を代表する神社として崇敬していた。弘世も周防守護になるとすぐ松崎天神社の造営に着手している。元来周防国には一宮として玉祖《たまのおや》神社があったが、鎌倉時代までには松崎天神社が周防国を代表する神社となっていた。東大寺造営を

仁平寺跡　遺跡の現況

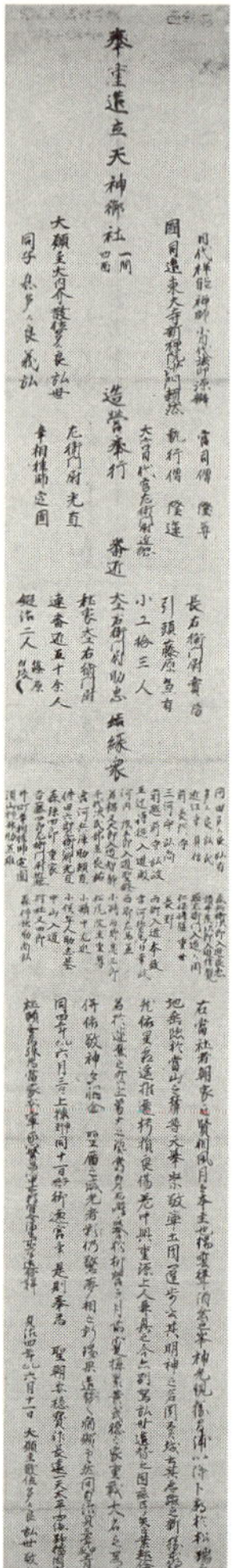
奉造立天神御社一間四面

天神宮造立奉納棟札写

やり遂げた重源上人も鎌倉時代初期にこの神社の造営を行っている。

このように大内氏は様々な寺社を保護していたが、それは単に寺社への崇敬の念からではない。弘世は守護に補任される以前から国内の武士を家臣団に編成しているが、家臣に自己の崇敬する寺社の造営費用を寄付させたり、神仏の祭祀に積極的に参加させたりすることを通じて、彼らの忠誠心を試していたとも思われるのである。

家臣の格付け

寺社の造営及び祭祀に注目すると、家臣の格付けの仕組みや、宗教儀礼によって弘世が家臣団を糾合していた様子がうかがえる。

松崎天神社の造営については、幸い、その竣工にともなう貞治四年（一三六五）及び永和元年（一三七五）という二種類の棟札《むなふだ》（ともに『注進案』一〇古文書之十五）が伝存している。棟札とは、縦長の木製の冊に、発願した者や工事の担当者、費用を寄付した者の名前を記したものである。二つの棟札に共通して、寄付をした大内氏家臣の名が「結縁衆《けちえんしゅう》」として列挙されている。いずれの棟札も、大内氏家臣のうち、大内氏の同族の家臣と同族でない家臣が明確に格付けされている。そのことは、棟札上の名前の位置と名乗っている官職から窺うことができる。大内氏の同族は「結縁衆」の上段に並ぶ傾向があり、しかも五位相当の受領《ずりょう》名である「～守《かみ》」を名乗っている。これに対して、奉行人やその一族といった一般クラスの家臣は、「結縁衆」の下段に名を連ねるという傾向が見える。そして、彼らは六位相当である民部・兵衛・衛門の三等官（丞、尉）、もしくは同じく六位相当である隼人《はやと》・掃部《かもん》の二等官（助）を名乗っている。

氷上山興隆寺についても、応安七年（一三七四）に氷上山妙見上宮の上棟を祝い、神馬を寄進した文書がある（興隆寺文書七九、『県史』史料中世3）。そこには大内氏家臣の人名が多数記されているが、やはり大内氏の同族は一般クラスの家臣よりも上位に名を連ねている。しかも同族は、末武殿（弘氏カ）、黒河殿（貞信）、右田殿、右田弥三郎殿、陶周防殿（弘綱）というように、「殿」の敬称を与えられており、このほか義弘の弟の満弘も「三郎殿」と呼ばれている。

家臣団の糾合

氷上山興隆寺は大内氏の「氏寺《うじでら》」とされ、その境内にある氷上山妙見社には大内氏の「氏神《うじがみ》」である妙見が祀られていた。妙見の神事が行われている史料上の初見は正平九年（一三五四）である。この時弘世は「先例」に従うように興隆寺に命じており（興隆寺文書二〇八、『県史』史料中世3)、妙見の祭祀はそれ以前に遡ることになる。また、他の史料から興隆寺の存在は暦応四年(一三四一)以前である(興隆寺文書二〇六、『県史』史料中世3)。

平安末期以降、諸国には、越後の城《じょう》氏や下総の千葉氏など、妙見や北斗七星を一族の守護神として崇めていた武士団がいた。大内氏の前身である多々良氏も同じような守護神を祀っていたと考えられ、そうすると妙見の祭祀は鎌倉時代に遡る可能性が高い。そして、南北朝時代になると、弘世は大内氏の同族だけでなく一般クラスの家臣も妙見の祭祀に参加させている。当主と家臣がともに妙見という神を祀ることによって、弘世は家臣団を精神的に糾合していたのである。

このように、大内氏にとって重要な存在の興隆寺ではあるが、興隆寺が領国支配の中で別格の地位を得るのは教弘《のりひろ》の時代以降の事であったと言われている(真木隆行「周防国大内氏とその氏寺興隆寺の質的変容」)。大内氏の氏神(妙見)祭祀は教弘の時代以降、全家臣団、全領国を挙げてのものになっていくが、弘世の時代は、同族が中心という家臣団の構造に見合った、まだ小規模なものであったのである。

繰り返しになるが、弘世の時代には鎌倉時代以来の惣領制的な構造は改められており、もともと大内氏と主従関係になかった同族は弘世の家臣になっていた。とはいえ、大内氏の同族は、家臣団の中で特に高い格付けがされていた。つまり、儀式の際、高い席次に据えられたり、「~守」という受領名や、「~殿」という敬称で呼ばれたりして優遇されていたのである。しかし、相変わらず同族を主体とする構成では、家臣団の規模は大きくならないであろう。その後さらに家臣団を拡大していくにはどうすればよいかという課題が、義弘の時代に残されたのである。

第二章　在京以前

1　幕府体制内へ

大内義弘の父弘世は最初、足利直冬方に立ち、室町幕府の体制外にあった。彼は南北朝動乱の中、実力で周防・長門両国を平定し、そして、ついに貞治二年（一三六三）、幕府から両国の守護に補任され、幕府の体制内に入った。

独立的な弘世

幕府が弘世に期待したことは、九州に出兵し、九州探題を支援することであった。しかし、弘世は貞治二年（一三六三）に豊前国で南朝方の菊池氏に敗れると（『太平記』）、九州への関心が減退していった。応安四年（一三七一）、京都を出発した九州探題今川了俊は、大内氏の軍事力を九州に投入しようとする。同年、了俊の要請を受け、弘世・義弘父子が豊前国に渡り、筑前国で南朝方の少弐冬資《ふゆすけ》を攻撃した（『応永記』）。ところが、翌応安五年（一三七二）、弘世は備後・安芸の武士を引き連れて帰国してしまい、探題方の軍勢を混乱させた（大日古『毛利家文書』一―一三）。また、永和元年（一三七五）、了俊が「水嶋の陣」で島津氏を敵に回して窮地に陥った時も、弘世は出兵を拒否している。この時は、息子の義弘が了俊の救援に駆け付けた（大日古『阿蘇文書』二「阿蘇文書写」七）。このように、弘世は九州への出兵要請に対して、途中で勝手に撤退したり、代役として息子を派遣したりしており、自ら幕府の期待に充分に応えようとはしなかった。

弘世が力を注いだのは、関門海峡より西側へ勢力を拡大することではなく、周防・長門の東側に位置する石見・安芸方面での軍事行動であった。

石見国は南朝勢力が根強く残存する地域であり、弘世は南朝勢力を排除することによって、北朝から自己の支配領域を認めてもらおうとしたのである。その際、石見国で最も有力な国人である益田氏を手なずけることに重点を置いた。弘世は幕府の命令によるのではなく、独自の判断で石見国をターゲットにしたようである。

周防国から益田までは八〇キロメートルほどの距離であり、近世には「石州街道」と呼ばれる道が山口から北東に延びていた。この道は長門国阿武郡《あぶぐん》の緩い谷間を抜け、石見国鹿足郡《かのあしぐん》の津和野を通過し、日本海に抜けて益田に至る。おそらく中世でも似たような道によって周防―長門―石見は結び付いていたにちがいない。周防国から見ると、石見国は九州よりずっと近いし、しかも陸路だけで行ける。弘世は次の進出先として九州よりも石見方面の方が有益であると考えたのだろう。

弘世は貞治五年（一三六六）、石見国での功績によって石見守護に補任された。それからの弘世の行動は素早い。同年に益田氏を率い、安芸国大田（山県郡）に出兵すると（大日古『益田家文書』一―五四）、そこから安芸国での軍事行動を開始した。石見国益田から安芸国への道もさほど険しいものではなく、長門国阿武郡内の地形と同様、緩い谷間を通る道が通じていた。結局、弘世は安芸国の守護にはなれなかったが、幕府から守護的な権限を委ねられた。しかし、そのような権限にとどまらず、同国内の有力国人との関係を深めていった。

先に述べたように、応安五年（一三七二）、弘世は攻撃の途中で突然帰国し、この時、中国地方の武士が帰国していく中、安芸国人の毛利元春《もとはる》はひとり九州に踏みとどまった。九州作戦を見限った弘世は、永和二年（一三七六）、元春が九州にいる隙を突き、今度は安芸に進出した。弘世は、元春の父親衡と同心して、元春の所領の吉田郷を奪って要害を構え（大日古『毛利家文書』一―一五）、安芸国内に拠点を作ろうとしたのである。さすがに幕府は、九州出兵に従わないうえに安芸国内で勝手な軍事行動をとる弘世を放ってはおかず、同年、弘世から石見守護職を取り上げた。

このように弘世は必ずしも幕府に対する忠節に価値を置かず、独自の路線を歩んでおり、自己の勢力拡大のために行動したといえよう。

将軍による優遇

父弘世とは異なり、義弘は九州探題今川了俊に協力的であった。『応永記』には、了俊はその手勢がわずか三百騎であり、義弘が四千騎で加勢することによって、九州に渡海することができたと記されている。このように九州に来て間もない頃の了俊は、地元の勢力の支援がなければ軍事行動がおぼつかない状態であった。そこで、足利義満は義弘を優遇し、何とか九州探題を支えるように画策した。

優遇策の一つは「義弘」という名に反映されている。義弘が「義弘」と名乗る史料上の初見は応安七年（一三四七）である（住吉神社蔵文書二三六『県史』史料中世4）。『応永記』には、応安四年（一三七一）に義弘が十六歳で九州出兵をしたと記されており、これに従うと、彼が「義弘」と名乗るのは十九歳以前ということになる。「義弘」の「義」の一字は、足利義詮以降の足利将軍家の嫡流に付けられるものであり、足利義満から与えられた可能性が高い。

足利将軍は敵に回るかもしれない有力大名を味方に付けるため、自分の実名《じつみょう》の偏諱《へんき》を与えた。義満は大内氏以外にも山名氏一門に「義」の偏諱を与えている（水野智之『室町時代公武関係の研究』）。幕府側から見れば、「義」の一字という将軍家の嫡流に准ずるような栄誉を与えてまでも、義弘に九州探題を支援してもらわなければならなかったのである。義弘は応永元年（一三九四）に出家し入道となったが、伝わっている義弘の法名は「道実」や「仏実」というように一定していない。それよりも義弘は、『難太平記』や『応永記』に見られるように、世間の人々から「義弘入道」と呼ばれており、「義弘」が法名のように認識されていた。

また、義満がわざわざ弘世の子にこのような偏諱を与えることは、義満が義弘を自己の直臣として取り立て、弘世から義弘を引き離す巧妙な策略でもあったようだ（桜井英治『室町人の精神』）。義満は山名氏一門に対しても同様の罠を仕掛けた。義満は偏諱を与えた山名氏の庶子たちに、将軍家直臣としてのプライドを持たせ、惣領に反抗するように仕向けていた（桜井英治前掲書）。義満は大内氏に対しても偏諱によって義弘を直接臣従させる策略を用いた結果、永和元年（一三七五）、幕府からの九州出兵要請に対して、弘世はこれを拒否し、義弘は応じるというように、父子の間を引き離すことに成功したのである（大日古『阿蘇文書』二「阿蘇文書写」七）。

このほかの優遇策として、義弘がまだ上洛していない時代に、彼の和歌を勅撰集に二首採用させることもあった（米原正義「文芸の源流と義弘」）。義弘には文芸をたしなむ一面もあったが、後代の大内氏当主ほどには和歌や連歌に熱心ではないし、古典籍の収集にあたっていたわけでもない。それでも、義満は義弘を武人としてだけでなく、文人としての体裁も整えてやろうとしたのである。

このような特別な計らいに応えて、義弘のほうも義満に忠誠を尽くして働いた。義弘は応安四年（一三七一）以降、九州探題を援け、その敵対勢力を次々と撃破していった。九州での軍功により、義弘は将軍から官途（官位による名乗り）のうえでも優遇された。康暦元年（一三七九）に「左京権大夫《さきょうごんのたいふ》」、至徳三年（一三八六）には「従四位多々良朝臣《じゅしいたたらあそん》」という官位を与えられている。義弘の正式な官職は「従四位上《こう》行左京権大夫」である（藤井崇「義弘期の分国支配」）。そして、明徳三年（一三九二）以降、応永元年（一三九四）に入道するまで、義弘は領国内の寺院宛てに限り、丁寧な署名である「従四位上行左京権大夫多々良朝臣」を使用していた（藤井崇前掲論文）。この当時、将軍家・鎌倉公方・斯波氏・畠山氏のみが三位まで昇ることを許されており（須田牧子「大内氏の先祖観の形成とその意義」）、大多数の大名は、受領など五位相当の官名を名乗っていた。義弘は「従四位上」を与えられており、位階の面から見ても一般の大名よりも優遇されていたことがわかる。

在京代官

地方の大名が幕府に認められるようになっていく過程には、幕府との連絡・調整役を務める家臣の働きが欠かせない。大内氏の場合も、弘世・義弘の二代にわたり、「代官」と呼ばれる家臣が京都に駐在していた。そして、この役目は盛見の時代以降は「雑掌《ざっしょう》」と呼ばれるようになる。「代官」には平井姓の家臣（田村杏士郎「大内氏家臣平井道助考」）が起用されていることが知られており、弘世の時代では平井俊治という者が管領細川頼之に直接対面し、義弘の時代では平井道助という者が重要な役割を果たしていた。

平井道助は、義弘がまだ在京していない段階から京都に駐在し、康暦二年（一三八〇）には周布氏の本領安堵の申請を幕府に上申するなど（『閥閲録』三、周布吉兵衛）、幕府との折衝にあたっていた。義弘が在京するようになると、道助は義弘の側近である奉行人にも加わっている。義弘は幕府との公的な折衝役であり、自己の補佐役でもあった道助に大いに支えられていたのである。

了俊と九州の南朝勢力

話が前後するが、幕府が九州平定のために派遣した軍司令官が九州探題である。最初の探題は足利一門の一色《いっしき》氏である。しかし、一色範氏《のりうじ》・直氏《なおうじ》父子は、文和五年（一三五六）、肥後の大名の菊池武光《たけみつ》に敗れて九州経営を放棄した。このあと、探題は別の足利一門である今川了俊に交代した。了俊は、応安三年（一三七〇）に九州探題に任命され、翌年、京都を離れて九州に下向した。

了俊に与えられた最大の任務は、九州での南朝の先鋒である征西将軍府を倒すことであった。建武三年（一三三六）、後醍醐天皇は皇子の懐良《かねなが》親王を征西将軍として九州に派遣した。しかし、親王は九州の政治的中心である博多・太宰府方面になかなか進出することができなかった。貞和三年（一三四七）、親王は肥後国の菊池武光の本拠に迎えられる。貞和五年（一三四九）に鎮西探題足利直冬が九州に入ると、探題―直冬―征西宮という勢力が鼎立した。康安元年（一三六一）、親王が筑前から少弐氏を駆逐して大宰府を本拠とすると、征西将軍府は最盛期を迎える。ところが、探題了俊の奮戦によって征西将軍の勢力は衰退していき、応安五年（一三七二）に大宰府が陥落すると、親王は筑後国高良山から肥後国菊池に後退した。親王が永徳三年（一三八三）に死去してしまうと、九州の南朝勢力はその中心を失った。

南朝方は九州の政治的拠点である大宰府を失って勢力を弱めたものの、依然菊池氏は肥後国で南朝方の中核として勢力を維持し続けた。そこで、了俊は菊池氏を攻めて南朝方の息の根を止めようとし、「水嶋の陣」を引き起こす。

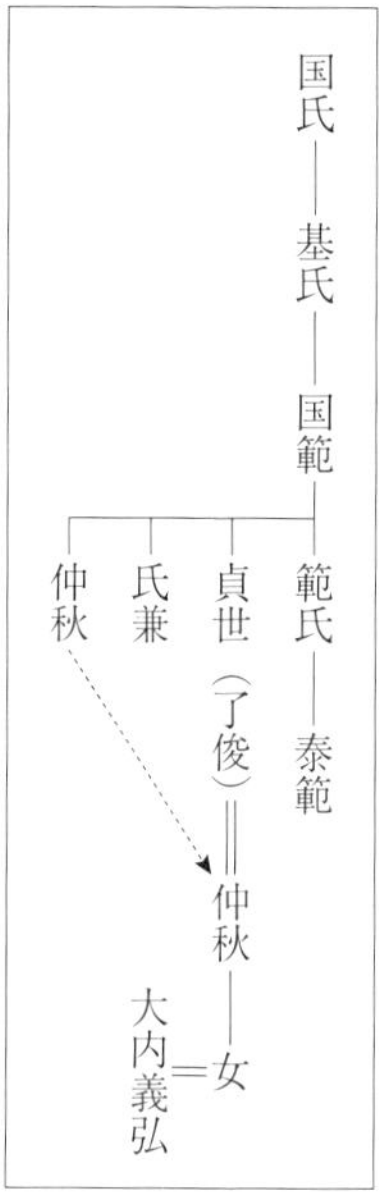

今川氏系図

「水嶋の陣」とは、永和元年（一三七五）、了俊が、肥後国にある菊池氏の城を攻めた際、北朝方が分裂した事件である。この城攻めにあたり、了俊は同盟者となっていた九州の三大大名である少弐冬資、大友親世、島津氏久を召集した。しかし、少弐冬資が了俊に反抗的な態度を取ったため、了俊は冬資を謀殺した。ところが、このことによって、了俊は少弐氏を敵に回したうえ、島津氏も怒らせて協力関係を失ってしまった。結局、北朝方の内紛によって、了俊をはじめとする北朝方は菊池氏に惨敗し、このあと南朝方を勢いづかせることになった。

義弘は永和元年（一三七五）以降、「水嶋の陣」のあと窮地に立った了俊を支えて九州平定に尽力した。

九州平定と義弘

永和二年（一三七六）正月二三日、今川了俊は阿蘇大宮司に書状を送った（大日古『阿蘇文書』二「阿蘇文書写」七）。この中で了俊は、大内氏の内情を説明するとともに、義弘を豊後に上陸させたあと、豊前→筑前→肥前と進軍させ、九州探題が北部九州を制圧する作戦を明らかにしている。

> 京都御合力事は、まず《（先ず）》大内入道《（弘世）》に仰せられ候て、年内渡海すべきの由、両使をもって仰せられて候へども、かいがいしく申さず候間、大内新介《（義弘）》渡海し候、これは父子中《（仲）》たがひ候ほどに、宗《むね》と戦《いくさ》し候者ども、一族家人三百余人同心候て、豊後に越し候て、吉弘入道《（氏輔）》相共に豊前に打ち越し候て、少弼《（今川氏兼）》が野中郷司《（下毛郡）》が城に候と、一つになり合い候て、筑前如くに打ち出づべきの由、申し定て候間、その左右に付て、近日にこれも陣を肥前国府《（佐嘉郡）》にとり向かへ候べく候

了俊が書き送ったのは以下のような趣旨であった。永和元年（一三七五）の年内に、弘世に対して九州に出兵するよう将軍の仰せがあったが、弘世ははっきりとした返事をせず、義弘が出兵した。こ

れは大内氏父子が仲たがいしているからである。義弘は彼に同心した一族・家臣三百余人を率いて豊後に渡り、そこで吉弘氏輔《よしひろうじすけ》の協力を得、豊前に進んで野中郷司《のなかごうじ》の城にいる今川氏兼（了俊の弟）と合流し、そこから筑前に進撃し、近日中に肥前国府に向かうことになっているというのである。

了俊は小規模ながらも新たな兵力を投入することにより、先ず豊後の有力国人である吉弘氏輔を勇気づけて協力を促し、次に豊前で弟の今川氏兼を中心に攻撃力を整え、それから一気に筑前・肥前両方面の敵を押し返そうとしたのであろう。

いくら軍記物には誇張が付き物とはいえ、応安四年（一三七一）、弘世が義弘に四千騎もの手勢を委ねて援軍を送った（『応永記』）のに比べ、今回の義弘の援軍は三百余人とあまりにも規模が小さい。弘世が九州出兵を拒否して他に兵力を振り向けたため、義弘は自分の方針を支持した一族・家臣だけしか動員できなかったのであろう。義弘は引き続き九州で戦果をあげていくが、出兵への対応から生じた弘世との溝は、このあとますます深くなっていった。

翌永和二年（一三七六）、義弘は大友親世と共同して大宰府の有智《うじ》山城《やまじょう》から少弐頼澄《よりずみ》を追いはらった（『北肥戦誌』）。さらに、同三年（一三七七）、義弘は弟の満弘とともに、見事に足利義満の期待に応えて肥後国で菊池氏に大勝した。「鎮西当方ことごとく一統しおはんぬ（中略）これ大内介（弘世）子息（義弘）の成功するところなり」（『後愚昧記』、『県史』史料中世1）というように、九州平定はひとえに義弘の功績によると言われ、中央で高い名声を得た。息子たちの軍功は父を助けることにも役立ったようであり、その後康暦元年（一三七九）までに、弘世は幕府から没収されていた石見守護に復帰している。

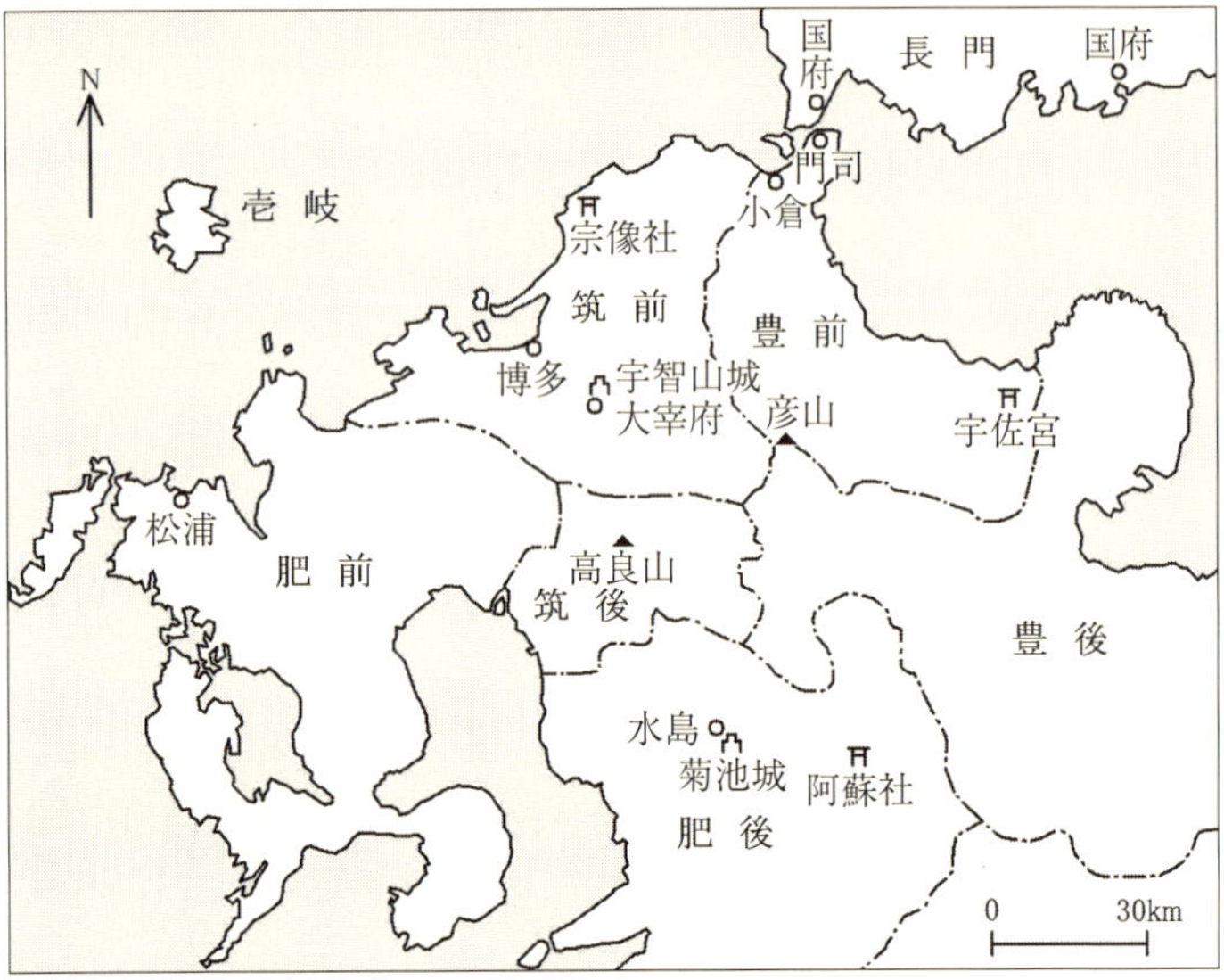

北部九州関係地名

実は、了俊は義弘との同盟を緊密なものとするため、弟仲秋の娘を義弘に嫁がせており、仲秋は了俊の養子でもあるので、了俊と義弘は義理の祖父と孫であった。了俊は最も成功した九州探題であったが、その成功は義弘の軍事力に支えられていたのである。

義弘は幕府から九州平定の功績を高く評価され、康暦二年（一三八〇）に豊前守護に補任された（村井章介「水嶋陣後の九州の情勢」）。これによって、大内氏は長門―豊前というように関門海峡の両側を自己の守護領国とすることができるようになったのである。大内氏の次の目標は博多のある筑前国の守護職を手に入れることであった。

中世の大宰府

南北朝時代に大宰府は、九州探題、征西将軍、少弐氏の間で争奪戦が繰り広げられた。そのような大宰府は歴史的にどのような役割を持っていたのだろうか。

古代の大宰府は、外交と防衛のため筑前国の内陸に置かれた役所であり、〝西日本の朝廷〟としての性格を持っていた。平安時代には、日宋貿易の管理にあたるとともに筑前国の国府の機能も兼ねていた。鎌倉時代には、幕府御家人の少弐氏が大宰府の実権を握った。南北朝時代になると、筑前守護となった少弐氏が、南朝方攻撃の際、九州の武士をいったん大宰府に召集し、九州で起こった紛争の裁判を行っている。大宰府は少弐氏の本拠として、軍事・政治の両面で重要な機能を果たしていたのである（『太宰府市史』通史編Ⅱ）。

大宰府は古代から南北朝時代に至るまで、一貫して九州の政治的中心であった。しかし、了俊が征西将軍の勢力を大宰府から駆逐すると、それ以降の九州探題は海に面した博多を重視するようになり、大宰府は政治機構としての役割を弱めていったのである。

義弘と九州の大名

南北朝時代の九州では、大友、少弐、島津が三大大名として別格の存在とみなされていた。しかし、弘世・義弘二代の大内氏にとって特に関係が深い大名は、味方では豊後の大友氏であり、敵方では肥前の少弐氏及び肥後の菊池氏であった。

大友氏は鎌倉時代以来、豊後の守護であるとともに、筑前博多方面にも所領を持っていた。少弐氏とともにいち早く足利尊氏に仕え、豊後守護になった。大友氏は大内氏としばしば姻戚関係を結んでおり、探題了俊の頃は共同して九州探題を支えていた。

少弐氏もまた鎌倉時代以来の豪族であり、少弐頼尚は足利尊氏を助け、筑前国の守護になった。そして、頼尚は足利直冬を婿とし、一時は九州の第三勢力を構成したが、菊池武光に大宰府を奪われ、少弐氏は弱体化した。その後、頼尚を継いだ冬資が北朝に付き、筑前・肥前両国の守護となって、少弐氏はいったん勢力を挽回した。しかし、冬資が「水嶋の陣」で了俊に謀殺されると、これ以降、少弐氏は反幕府勢力として大内義弘を悩ますことになる。大友氏は一貫して義弘の同盟者であったが、少弐氏は、「水嶋の陣」以降、義弘の難敵となっていった。

菊池氏は肥後国の豪族で、一貫して九州の南朝勢力の軍事的中核を成しており、弘世・義弘にとって最も強敵であった。北部九州を転戦し、大宰府を拠点とする征西将軍府を支えた。菊池氏は征西将軍懐良親王の死後も九州の反幕府勢力を率い、しばしば九州探題を脅かしたので、その都度大内義弘は出兵しなければならなかった。

永和三年（一三七七）以降、九州の南朝勢力である征西将軍と菊池氏は弱体化した。その一方で、少弐氏と大友氏はあいかわらず北部九州に勢力を保ち、鎌倉時代以来の名家であることを誇っていた。探題了俊の次の課題は、少弐・大友両氏を幕府に従順な大名にすることであった。「系譜類」によれば、大内弘世は少弐冬資・大友親世それぞれに娘を嫁がせており、大内氏は少弐・大友両氏と姻戚関係にあった。そのため、大内義弘は少弐・大友両氏との橋渡し役としてますます了俊から頼りにされていくのである。

2　康暦の政変と大内氏の内紛

管領家と有力守護

足利義満は、応安元年（一三六八）に十一歳で将軍に就任したが、最初は管領細川頼之《よりゆき》に補佐されていた。頼之の政策の基調は、公家や寺社の荘園を保護しようとする保守的なものであった。頼之は「応安の半済令」を発布し、諸国で大名たちが「半済《はんぜい》」と称して荘園年貢の半分を兵粮米として徴収する慣例を制限しようとした。この政策は、諸国の守護が荘園を侵略して領国支配を強化することに歯止めをかけるものであった。

二代将軍義詮の時代から、足利一門大名である斯波氏と細川氏は、将軍権力の代行者である管領の地位を奪いあった。斯波義将《よしゆき》と細川頼之の抗争は、単なる派閥抗争という単純なものではない。どちらが管領になるかによって政策のカラーが違ってくるので、諸国の大名にとっては重要な関心事であった。

斯波氏は比較的新しく足利本宗家から分かれた一門であり、将軍家に準ずる家に生まれ、自他ともに将軍家に取って代われる家柄であると認識していた。そして、管領としての政策は、大名が公家や寺社の荘園を侵略することを容認するものであった。このことから、土岐・山名・大内といった、足利一門ではない外様の有力大名は義将を支持したのである。

これに対して、細川氏は古く足利本宗家から分かれた一門で、いわば将軍家の家老という性格の家柄であり、諸国の大名から必ずしも将軍の代行者にふさわしい家柄であるとは思われていなかった。そのうえ、頼之は大名の荘園侵略を抑制する政策をとっており、地方の有力大名からはこの政策が自分たちの勢力伸長を阻害するものとして忌避された。

つまり、大名たちが細川派か斯波派というような派閥に分かれていたというよりも、有力外様大名は、保守的な細川頼之が管領になると自分の利益が損なわれると思っていたというべきであろう。

細川頼之が管領であった頃の大内弘世の立場について、見解は一定していない。桜井英治は斯波義将の与党であると言い（桜井英治『室町人の精神』）、松岡久人は「頼之のいない幕府は、弘世らにとって不安この上ないものと感じられたことであろう」と述べており（松岡久人『大内義弘』）、細川頼之を後ろ盾としていたと考えている。しかしながら、弘世が幕閣のうち特定の党派に属していたかどうかを史料上で明らかにすることは困難であり、次のような事例から、弘世と細川頼之の関係は悪くなかったことぐらいしかわからない。

永和二年（一三七六）、弘世は安芸国に侵攻したことによって、石見守護を交代させられており、この頃、彼が幕府に反抗するのではないかという風聞が立っていた。そのような中で、弘世の代官が管領細川頼之に対面したところ、頼之は周防・長門両国の守護職については問題にしなかったという（『後愚昧記』、前出）。この時、頼之は、大内氏の本領である周防・長門両国の没収は持ち出しておらず、相応の処罰として石見守護職を没収する以上に、弘世に対して悪感情を抱いてはいなかったということである。

さて、康暦元年（一三七九）閏四月、京都では管領細川頼之が斯波義将によって政界から追放された。これが有名な「康暦の政変」である。代わりに管領になった斯波義将は、細川派の勢力を弱体化させようとし、荒川氏や今川氏など足利一門のうち細川氏寄りの大名から守護職を取り上げた。大内氏や山名氏といった有力外様大名たちは、この時没収された守護職の恩恵に浴した。石見国は荒川詮頼から大内弘世に交代し、豊前国は今川了俊から大内義弘に交代した。こうして、大内氏は周防・長門両国の東西の国々に勢力を拡大することができたのである。

兄弟の内紛

「康暦の政変」は京都から遠く離れた大内氏の領国にも影響を与えた。政変の翌年、康暦二年（一三八〇）五月二八日、義弘は弟の満弘と安芸国内郡《うちぐん》（高田郡・山県郡）で合戦を行った（『花営三代記』、『県史』史料中世1）。そして、「系譜類」によれば、同年一一月一五日、義弘・満弘による内紛の最中、混乱のうちに父弘世は死去した。

ところが、この内紛ののち、義弘は激しく戦ったにもかかわらず満弘と和解し、石見守護の権限さえ与えている。藤井崇は、義弘が満弘に与えたこのような不可解な厚遇について、満弘を後援していたのが父弘世であり、満弘方が弘世の指示を受けていたことから説明しようとしている（藤井崇「康暦内戦に関する諸問題」）。たしかに、義弘の真の攻撃対象が父の弘世であり、満弘は父に従っただけであると想定しない限り、これほど円満な和解を説明することはできない。そうすると、この内紛の本質は兄弟間の確執ではなく、弘世―義弘父子の対立であったと考えられるのである。

先に触れた九州出兵に対する異なった対応にも見られるように、弘世―義弘父子の間の亀裂は広がっており、何かきっかけがあれば一族で内紛が起きる状況にあったのだろう。

弘世は康暦二年（一三八〇）に死去するまで、大内氏の家督の地位を保っていたが、生前に家督の権限を二人の息子に分担させていた。義弘には、周防国を治める家督の後継者として「新介《しんすけ》」と名乗らせ、重要な法会・神事の場で自分に次ぐ席次を与えた。大内介一族には、鎌倉時代以来一貫して、家督の地位にある「大内介」が、その後継者に「新介」と名乗らせるしきたりがあった。一方、弟満弘には長門国及び石見国で守護としての権限を与えていた。

室町時代、複数の守護職を持っている大名家は一族で守護職を分け持っていることが多い。弘世もその慣例に倣い、二人の息子に守護の権限を分け与えたのであろう。しかし、義弘は大内氏の領国支配のあり方について弘世とは異なる考えを持ち、支配の権限を家督に集中させようとした。そこで、「康暦の政変」が起きると、混乱した幕府から咎められることはないと判断し、弘世の勢力を排除しようとしたのであろう。義弘がこの政変を好機ととらえたのは、自分の方が弘世よりも幕府に忠実であるという自負を持ち、かつ斯波義将が新管領になれば、有力外様大名には甘いであろうという見通しもあったと思われる。

同族の家臣の滅亡

先にも触れたように、義弘は康暦二年（一三八〇）五月二八日、弟の満弘と安芸国で合戦を行った。

この合戦では「一族」と記された大内氏の同族の家臣、並びに「若党」と呼ばれる同族以外の家臣も多数滅ぼされた。そのほか「侍名字」（侍身分）の者が二百余人討ち取られた。結局、満弘方で切り捨てられた者は数えきれないほどであったという。

ここで、『花営三代記』に記された、満弘方で義弘に滅ぼされた家臣の名前をあげておく。

> 一族鷲頭筑前守父子三人・内美作守石州守護代、父子二人・末武新三郎・野田勘解由・藤(問)田又三郎・讃井山城守芸州大将・若党陶山佐渡守(弘高)・除田仁保因幡守・八木八郎左衛門尉・土肥修理亮・小畠曽我八郎左衛門尉・野上将監・同雅楽助、頭(弘カ)中三河守、秋叛(マヽ)次郎左衛門尉、そのほか侍名字二百余人、切捨その数を知らず、

この記事からうかがえることは、満弘方の軍団の性格である。

この記事によれば、鷲頭氏は周防国都濃郡鷲頭荘、末武氏は同郡末武荘、野上氏は同郡野上荘、弘中氏は玖珂郡岩国荘に本拠地があり、満弘方の軍勢が都濃郡・玖珂郡という周防国東部の地域から動員されていたことがわかる。満弘方の軍勢は、もともと父弘世が、周防国東部に本拠地を持つ家臣を、行き来しやすい石見・安芸方面に派遣したものであったのだ。

また、この記事に列挙された家臣は大きく「一族」と「若党」に分かれる。「一族」は大内氏の同族の家臣であり、「若党」は弘世の子飼いの家臣である。鷲頭筑前守子三人、鷲頭美作守父子二人、末武新三郎、野田勘解由《かげゆ》、問田又三郎、讃井《さない》山城守が「一族」に相当する。岸田裕之は、松岡久人『大内氏の研究』編集者註で「内美作守」を「同美作守」の誤りであると指摘している。そうすると、

「内美作守」は「鷲頭美作守」ということになる。「一族」の中で鷲頭美作守は「石州守護代」、讃井山城守は「芸州大将」であり、ともに重責を果たす地位にあった。このことから、満弘方の軍勢は「一族」と呼ばれる大内氏の同族の家臣が主体となっており、義弘は、満弘との合戦で同族の家臣を多数失ったことがわかる。

家臣団の再編成

康暦二年（一三八〇）五月に安芸国で義弘に大敗したあとも、満弘はまだ長門守護として権限を発揮しており、同年六月には長門国の武士に対して同国内の土地を与えている（『閥閲録』二、小野貞右衛門）。そこで、義弘は長門国でも満弘の勢力を排除するため、同年一〇月、満弘方の拠点である長門国下山《さがりやま》城（栄山城のこと）を落城させた。このあと義弘は、同国阿武郡へ打入り、そこから石見国へ進攻した（『閥閲録』三、周布吉兵衛）。

このように義弘兄弟の内紛は、先ず安芸国で始まり、長門国を経て、最後に石見国に移っていった。広い範囲にわたる戦闘のため、家臣の分布も様変わりして行ったものと思われる。

内紛の結果、義弘は大内氏の中での主導権を確立した。しかし、家臣団の中核に据えられていた大内氏の同族が多数滅びると、義弘の領国支配はいったん弱体化したであろう。その反面、義弘は同族を優遇する慣例に縛られず、自己にとって都合の良い家臣を抜擢することができるようになったとも言える。義弘は父の時代とは異なる陣容で家臣団を再編成する好機を得たのである。

義弘の家臣団

義弘の時代の大内氏の家臣団は全体像がつかみにくく、史料からわかる家臣の顔ぶれは側近に限られる。このような側近は弘世の時代から一新され、同族以外の者が抜擢されている。

杉氏は義弘に重用され、杉重明《しげあき》と杉重運《じゅううん》はそれぞれ義弘の奉行人、かつ義弘の親衛隊として、文武両面で活躍し、「明徳の乱」・「応永の乱」のいずれでも重要な役割を果たしている。『応永記』によれば、両名はそれぞれ堺城の南と北を守り、義弘の後を追って討ち死にした。

また、平井氏はすでに弘世の時代に幕府との交渉役を務めていたが、義弘の時代には平井道助が在京代官を務めていた。彼は単に当主の命を奉じるのではなく、当主に代わって中央と交渉する権限を託されており、新しいタイプの家臣の代表といってよいだろう。

義弘の意を伝える奉書に署名する奉行人は、ほとんどが平井道助《どうじょ》と杉重運であったと言われている（田村杏士郎「大内氏家臣平井道助考」）。大内氏の「官僚制」は、彼らのような忠実で交渉能力にたけた奉行人によって支えられていたのである。

さらに、義弘は新たに同族から陶氏を抜擢しており、陶弘長《ひろなが》を自己の側近に、陶弘宣《ひろのぶ》を紀伊守護代に取り立てている。陶氏は義弘の死後に重臣の筆頭に成長し、代々周防守護代として強大な勢力を誇るようになった。そして、最後は陶晴賢《はるかた》が大内義隆に「謀反」を起こして大内氏の滅亡を招いた。

内紛の本質

松岡久人によれば、康暦二年の内紛は、大内氏内部での二つの路線の対立であったという（松岡久人『大内義弘』）。弘世は南北朝内乱が継続することを予測して、中央の内乱に巻き込まれて消耗するよりも着実に自己の勢力の確保・拡大を進める路線を選択した。これに対して、義弘方は内乱の終息が遠くないと考え、少々の犠牲を払っても今は幕府に協力するほうが得策と判断したのだという。

九州出兵という危険を冒してまで幕府に恩を売るべきかどうかという点で、大内氏父子の判断は分かれた。しかし、勢力拡大を最重要な政治的課題と考えているところは両者に共通している。両者の勢力拡大構想の最も大きな違いは、どのような範囲に自己の勢力圏を設けるかということにあったのではないだろうか。

弘世は周防国を平定したあと、素早い動きで厚東氏から長門国を奪った。弘世が長門国をあわせて確保しようとした理由は、赤間関を九州及び東アジアとの窓口としてぜひ必要としていたからだろう。しかし、弘世は九州出兵につまずくと、その逆方向である石見・安芸両国での勢力拡大をはかることに邁進した。それはけっして弘世が東アジアとの交易をあきらめてしまった結果ではない。南北朝時代以降、日本海側には益田、瀬戸内海側には岩国というように、盛んに対外交易をしている港湾が存在していた。そこで、弘世は無理に九州の港湾を確保せずとも、周防・長門に加えて石見・安芸両国を確保すれば、東アジアとの交易は中国地方にある港湾だけで充分であると考えたのであろう。

これに対し、義弘は関門海峡の両側に支配領域を広げるという壮大なビジョンを持っていた。東アジアとの門戸を確保するために、特に北部九州で筑前博多や肥前松浦といった地域に進出しようとした。義弘は先ず、「水嶋の陣」で了俊の窮地を救援することによって、豊前国の守護になった。しかし、義弘はこの程度では満足しなかった。今川了俊はその著書『難太平記』の中で、義弘が九州探題になる野心を持っていたと述べている。義弘はチャンスがあれば自分が九州探題になろうとしていたようだ。義弘は九州に進出し、肥前国松浦半島をはじめとする倭寇の根拠地を制圧し、倭寇を禁圧することによって、朝鮮王朝の信頼を得ようとした。しかも、九州に進出したからといって、父弘世が対外交易の窓口とした日本海側や瀬戸内海側の港湾も軽視することはなかった。義弘は弘世が形成した石見・安芸方面の支配領域を維持することにも力を注いだのである。

鷲頭氏の動向

康暦二年（一三八〇）の安芸国での合戦では大内氏同族への打撃が顕著であった。『花営三代記』の記述にあるように、特に鷲頭氏の場合は、筑前守家《ちくぜんのかみけ》と美作守家《みまさかのかみけ》という二つの家が父子ともに滅ぼされており、最も犠牲が大きかったであろう。では、弘世が頼りにしていた鷲頭氏はどのような性格の一族なのであろうか。

もともと鎌倉時代に、多々良氏一門のうちで大内介一族とともに有力な一族が鷲頭氏であった。鷲頭氏の所領は周防国都濃《つの》郡内の鷲頭《わしず》荘である。鷲頭荘は現在の下松《くだまつ》市域にあった。荘域内には北部に山陽道が通り、南部に笠戸湾に面して下松《くだまつ》という港湾もあった。大内介一族が周防国内の交通の要衝に所領を設けていたのと同様、鷲頭氏も海陸の交通の要衝を所領内に押さえていた。ただ、大内介一族が在庁官人を主導し、国衙権力を背景に勢力を伸ばしたのとは異なり、鷲頭氏は周防国東部の特定地域にとどまる勢力であったといえよう。

また、鷲頭氏は大内介一族と並んで周防国の代表的な御家人であった。ここで、大内介一族と鷲頭氏を、経済力の面で比較してみよう。

建治元年（一二七五）、鎌倉幕府は崇敬する京都の六条八幡宮の造営のため、諸国の御家人にその費用を割り振った。費用賦課の台帳である「六条八幡宮造営注文」（海老名尚・福田豊彦「〔資料紹介〕『田中穣氏旧蔵典籍古文書』「六条八幡宮造営注文」について」）によると、その負担額は周防国の御家人のうち、多々良氏一門では「大内介」が最も多く、十貫文であった。多々良氏一門ではほかに「鷲頭筑前々司跡」と「吉敷十郎入道跡」という名が見える。「〜跡」とは、幕府が一族の惣領の名前を新たに把握していない場合の表示の仕方である。「系譜類」によれば、この二つの家はともに鷲頭氏の系統に属する。そこで、これを合計すると十二貫文となり、大内介一族の十貫文を上回る。このことから、鷲頭氏が鎌倉幕府の造営事業への貢献度では、大内介一族にさほど劣ってはいなかったということがわかる。

南北朝時代になると、大内介一族の方はさらに嫡流と庶流に分裂した。紛らわしいことに、「系譜類」では、庶流の長弘が鷲頭氏を継いだと記されており、しばらく鷲頭氏の動静は長弘流の背後に隠れてしまう。大内長弘は鷲頭氏を継いだことになっているが、周囲からは「大内」と呼ばれていた。長弘が鷲頭氏を継いだように記されているのは、彼が鷲頭氏に支援されていたことを反映しているのではないだろうか。

大内弘世は、観応三年（一三五二）、鷲頭荘内の白坂山に布陣し、鷲頭荘を攻略した（『閥閲録』三、内藤小源太）。この合戦の結末は不明であるが、どうやらこの時、弘世は鷲頭氏を滅ぼすようなことはせず、臣従させたようである。また、周防国東部に勢力を持つ内藤氏も、長弘流の大内貞弘に率いられ弘世の軍勢と戦ったが、このあと弘世に仕え、のちに代々長門守護代を務める重要な家臣となっている。おそらく弘世は、長弘流自体にさほど勢力があるわけではなく、長弘流を支援している鷲頭氏や内藤氏といった周防国東部の勢力を味方に付ければ、周防国を平定できると判断したのであろう。そして、弘世による鷲頭荘攻略のあと、長弘流の動静はわからなくなってしまう。

しかし、南北朝時代に大内長弘のほかに鷲頭氏を継ぐ人間がいなかったのではない。先に紹介した『花営三代記』に「鷲頭筑前守父子三人」・「同美作守石州守護代、父子二人」という鷲頭姓の家臣の名があがっていることにお気づきであろうか。

「鷲頭筑前守」については、先に掲げた「六条八幡宮造営注文」に周防国を代表する御家人として「鷲頭筑前々司」という名があり、「筑前守」を名乗る人物は代々鷲頭氏の惣領の地位にあったと思われる。一方、「鷲頭美作守」の方も、「系譜類」によると、先に触れた鷲頭氏を継いだ長弘流の周防守護の弘直が「美作守」を、長弘の孫の康弘も「美作守」を名乗っており、鷲頭氏中の有力者であるようだ。

「美作守」を名乗る人物は、康暦二年（一三八〇）五月二八日の合戦以降もしばしば現れる。そして、石見守護の権限を持った満弘のもとで守護代的な働きをしたと言われている（井上寛司・岡崎三郎編集・執筆史料集、前出）。義弘が満弘と和睦する永徳元年（一三八一）三月には、「美作守」という人物が義弘によって石見国に派遣されている（『閥閲録』三、周布吉兵衛）。また、康応元年（一三八九）、竈《かま》戸関《どせき》（上関）で足利義満に召し出された人々の中に「鷲頭美作守」という人物がおり（『鹿苑院殿西国下向記』）、義満に謁見を許されていることから、その土地の有力者であると思われる。

このように、「鷲頭美作守」にあたると思われる人物は、康暦二年（一三八〇）以降も文献に見られ、同年に義弘に滅ぼされたという『花営三代記』の記事は検討の余地がある。あるいは、義弘に滅ぼされた者の後継者がまた「美作守」を名乗ったのであろうか。『花営三代記』の記事の正確さはともかく、義弘の時代、鷲頭氏には、「筑前守」を名乗る惣領と思われる人物や、「美作守」を名乗る一族中の有力な人物が、大内氏の家臣として実在していたのである。

しかし、周防国や石見国で勢力を持つ鷲頭氏は、大内氏の家臣とされた後も、警戒すべき一族と認識されていた（和田秀作「大内氏の惣庶関係をめぐって」）。「系譜類」によれば、義弘を継いだ盛見の時代以降、鷲頭氏の後継者たちは大内氏から圧迫を受けて、討伐されたり、あるいは自殺したりする者が相次いでいる。やがて、鷲頭氏は大内氏家臣団という表舞台からは姿を消してしまう。

大内氏が鷲頭氏を警戒したのは、守護神である妙見の信仰を自分たちだけのものにしておきたかったからであろう。本来、妙見は多々良氏一門の共通の守護神として祀られていたと思われるが、平安末期の多々良氏一門は、名字の地である多々良荘を没収され、周防国内に散らばり、まとまりのある状態ではなかった。そのため、妙見の祭祀も別々に行われたと思われる。

鷲頭氏は鷲頭荘内にあって、多々良氏一門の妙見祭祀で最も古い由緒を持つ鷲頭山妙見社を祀っていた。鷲頭山妙見社は、現在に至るまで鷲頭山（下松市）の山頂から山麓にかけて展開する大規模な神社である。大内氏は鷲頭氏よりも遅れて、大内村にある氷上山妙見社を祀るようになった。それゆえ、義弘以降の大内氏は、鷲頭氏が大内氏よりも古い妙見信仰を誇ることを警戒したのであろう。

なお、文明一〇年（一四七八）、大内政弘が鷲頭弘賢《ひろかた》に鷲頭山妙見社の下宮造営を命じており（『正任記』、『県史』史料中世1）、大内氏は鷲頭氏の勢力を奪いながらも、鷲頭山妙見社の祭祀は任せていたようである。

3　足利義満の瀬戸内海遊覧

義満の周防国訪問

足利義満は康暦の政変の混乱を収拾するため、瀬戸内海沿岸の守護たちと友好を深めようとした。これはちょうど義弘と満弘による大内氏一族の内紛が一段落した頃にあたる。康応元年（一三八九）三月四日、義満は船団を率いて兵庫を出発した。それ以前にも、義満は醍醐寺や春日大社といった畿内の寺社に参詣したり、丹後や駿河にある名勝を遊覧したりしているが、これら一連の旅行の本当の目的は、行った先々の地域支配者に対して将軍権威を誇示するためのデモンストレーションであった。今回の場合は、九州まで行って南朝勢力を威圧することと、四国に立ち寄り、失脚した元管領の細川頼之との和解をはかることが目的であった。しかし、義満は周防国の沿岸まで到達し、大内義弘の接待を受けたところで、天候の悪化のため九州に行くことはあきらめた。

九州探題の今川了俊はこの遊覧に同行し、『鹿苑院殿《ろくおんいんどの》厳島詣記《いつくしまもうでき》』（以下、『詣記』と略称する）という紀行文を記している。了俊は大名の派閥では細川頼之派に属していたため、康暦の政変ののち管領斯波氏に冷遇されていた。それでも了俊はこの遊覧に同行することによって、義満との関係を改善することに成功した。彼は『詣記』に詳細な記述を施しており、義満が行く先々で沿岸を治める守護や地域支配者との親睦をはかっている様子がうかがえる。

それでは、『詣記』から、周防国沿岸での、義満の行動について見てみよう。

三月一〇日、安芸国の海路を航行した際、義満の一行は蒲刈《かまがり》を通過した。蒲刈の瀬戸を通過した時点で、多賀谷《たがや》という海賊衆が参上し、大内義弘が遅く参上する旨を告げた。義満は厳島に参詣したあと、周防国の海上を通過し、屋代島《やしろ》から神代《こうじろ》にかけての海域も通過した。このような記述から、義満一行は、安芸国から周防国にかけて海賊の縄張りとなっていた海域も難なく通過していることがわかる。

同月一二日、義満の船団は、島々が点在する中を分散したり集合したりしながら、大畠の鳴門を通過した。この時、了俊は「高潮に　鳴門漕《こ》ぐめる　友船《ともぶね》の　海人《あま》の手棹《てざお》は　間《ま》無くとらなん」（高潮に鳴門を漕いでいる僚船の海人は、絶え間なく手棹を操作しているだろう）という和歌を詠んでいる。義弘は下松《くだまつ》という所で義満一行を出迎え、乾飯《かれいい》や酒など様々な物でもてなした。この時、了俊は「海人乙女《あまをとめ》　倭文機《しづはた》織らぬ下松《くだまつ》も　波の白糸　よりや掛《か》くらん」（海女がクダで機織りをしない下松でも、波の白糸に縒《よ》りをかけているのだろうか）というように、下松という地名と機織りの道具であるクダをかけて一首詠んでいる。

一三日、義満一行は、周防国府の南に位置する高浜という浦近くの、三田尻《みたじり》という松原に御旅所を設けた。ここでも了俊は「松原や　高洲《たかす》の梢《こずえ》越ゆるまで　月の出潮《でしお》の　更《ふ》けにけるかな」（高洲の松原の松のこずえを越える高さに月が出、潮も満ちて来、夜が更けてきたなあ）と詠んでいる。

一五日、風波が激しくなった。義満はひとりだけで田島という浦の海人の家で草ぶきの休憩所に休息し、船は海上に停泊させた。この時、義弘は義満のお供をしている。残念ながら、義弘と義満が二人だけでどのような話をしたかは記されていない。しかし、義満が直に義弘という人物に接し、その結果、義弘という人物を気に入ったと思われる。

一六日、義満は細川頼之や今川了俊と相談して九州に向かうことをあきらめ、帰路に着くことにした。

一八日、再び周防国東部に至った際、義満は竈戸関《かまどのせき》（上関）で大内氏の同族や伊予の河野氏などに会っている。

このあと義満が播磨国までもどって来たのは同月二五日であり、この日のうちに陸路で京都に帰還した。一方、義弘は二六日に摂津国の兵庫に着き、二七日か二八日に京都に入った。

将軍と海賊衆

この遊覧には、実はもう一つ目的があったと思われる。それは、かつて南朝を支えた海賊衆との融和をはかるということであった。瀬戸内海沿岸に守護職を持っていた大内、山名、細川、河野といった大名たちの軍事力は、実はこれら海賊勢力によって支えられていた。義満は瀬戸内海を遊覧する途上で、表の存在である守護だけでなく、裏の存在である海賊衆にも直接にらみをきかせることも意図していたようである。

海賊衆は潮流が激しい航海の難所を臨む地点に海賊城を築いており、その目の前にある水路を無断で航行する船には危害を加えた。一方で、通行税である「警固料《けいごりょう》」を支払った船には、その警固や水先案内を務めた。瀬戸内海のあちらこちらの海域にそのような海賊衆の縄張りがあり、幕府や沿岸の守護が海賊衆の既得権を取り上げることは困難であった。やがて、日明貿易が本格化すると、北部九州から瀬戸内海に至る海域を航行する遣明船を警固するために、幕府は沿岸の守護だけでなく、諸方の「海賊衆」にも警固を命じるようになる。

また、海賊衆は縄張りを守っているだけではなく、かつては他地域の海賊と連合することによって、強大な海上遠征軍を編成する能力を発揮することがあった。貞和三年（一三四七）、五月には南朝方の軍船「数十艘」が筑前宗像の大島・小島を襲撃し（肥前深堀文書『南九』二三三二）、六月には「四国・中国海賊」や「熊野海賊」から成る南朝軍「数千人」が薩摩を攻撃し、九州探題をあわてさせたのである（薩藩旧記二十二所収阿久根文書・寺尾文書、『南九』二三三七・二三三八）。義満はこのような機動力を持つ海賊衆が南朝方に付かないよう、彼らを幕府の側へつなぎ止めておく必要性を感じていたにちがいない。

在京大名への道

義弘が自己の領国である周防で義満を接待したことは、義弘の人生の中で大きな転機となった。結局、義弘は義満に見込まれ、義満の帰還に同行して京都に上り、そのまま在京大名の一員に加えられたのである。

この当時、すべての守護が室町幕府から在京を義務付けられていたわけではない。京都周辺の国々の守護は在京し、関東の守護は鎌倉公方に仕えて鎌倉に在住しており、九州ではほとんどの守護が在国していた（山田徹「南北朝期の守護在京」）。大内氏は、守護が「在京」する地域と「在国」する地域のちょうど中間に位置していたと言えるだろう。

ここで、義弘が在京するまでの道のりを振り返ってみよう。

父弘世が幕府の体制に入った結果、大内氏は九州探題による九州平定作戦に駆り出されることになった。九州探題として今川了俊が赴任してきた時、大内氏は大きな岐路に立たされた。了俊はその管轄下にあった中国地方と九州地方の安定のため、弘世・義弘父子の支援に期待する。しかし、幕府への奉公のやり方をめぐって父子の方向性が異なってしまい、弘世は安芸や石見に進出しようとするが、義弘は九州に深く関わろうとする。そのうえ、中央の政変（康暦の政変）の影響も受け、結局、大内氏は、弘世・満弘父子と義弘の間で内部分裂を起こしてしまう。それでも、康暦二年（一三八〇）の内戦をきっかけとして、義弘は新たな家臣団を育成し、守護家の分裂を乗り切った。そして、大内氏の家督として九年間、領国支配に取り組んだあと、康応元年（一三八九）、義満に見込まれて在京することになる。それ以後、義弘の活躍の場は、それまで未知の世界であった京都とその周辺へと移っていったのである。

第三章　幕府への貢献

1　明徳の乱

義満の政治的課題

康暦元年（一三七九）の「康暦の政変」で、管領が細川頼之から斯波義将に交替した後、足利義満はますます将軍主導の政治を行うようになった。しかし、この政変ののち、斯波義将は細川派の大名から守護職を取り上げると、その職を大内・山名・土岐のような有力外様大名に与えてしまった。そのため足利義満には、大きくなり過ぎた外様大名の勢力を削減する政治的課題が与えられた。

この課題を解決するため、義満は次々と策略をめぐらせ、有力大名の勢力を削減していった。先ず、明徳元年（一三九〇）に土岐康行《ときやすゆき》を追討することによって、美濃・尾張・伊勢にまたがった土岐氏の勢力を分断した（土岐氏の乱）。次に、明徳二年（一三九一）の「明徳の乱」で、十一か国もあった山

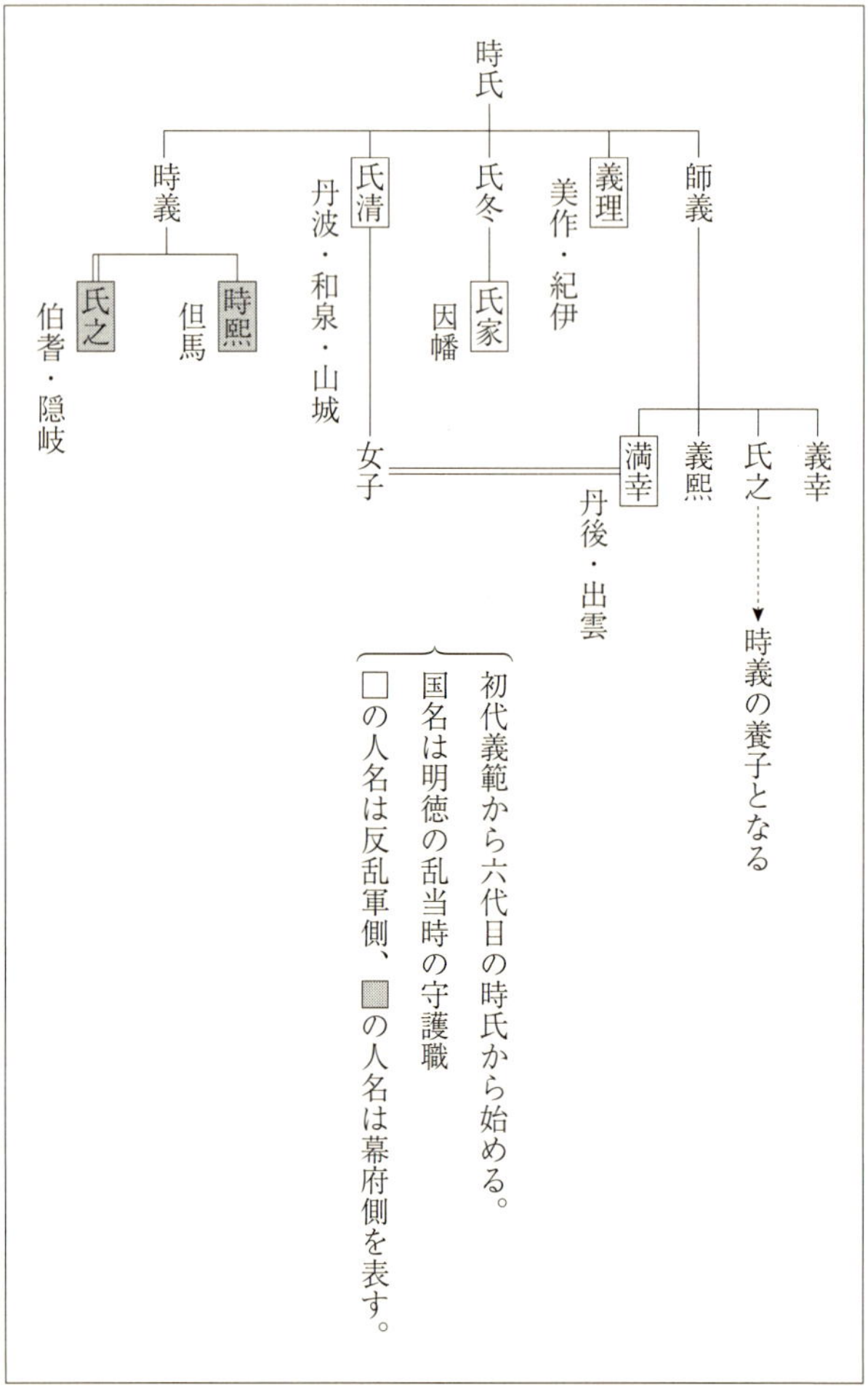

山名氏系図と明徳の乱の敵対関係

名氏の領国を三か国まで縮小させた。さらに、応永二年（一三九五）、九州に根付いた今川了俊の勢力を排除するため、了俊の探題職を罷免し、あわせて彼が持っていた九州諸国の守護職を取り上げた。

しかし、有力大名を排除するため将軍権力を最高度に発揮させるには、幕府に政権を委ねている朝廷（北朝）を唯一正統とする必要があった。応安二年（一三六九）に河内国で楠木正儀《くすのきまさのり》が北朝に寝返り、応安五年（一三七二）に大宰府から征西将軍が撤退すると、南朝の勢力はもはや義満の軍事的脅威ではなくなっていた。それでも、義満にはもう一つの朝廷（南朝）があることは不都合な事態であり、義満にとって「南北朝の合体」もまた外様大名の勢力削減に密接に関わる政治的課題であったと言えよう。

大内義弘は、義満がこれら二つの政治的課題を解決する際に生じた「明徳の乱」、「南北朝の合体」といった一連の出来事のいずれにも重要な役割を果たすことになる。そして最後は、外様大名の勢いを絶つという義満の目的において、「応永の乱」で義弘自身が当事者となってしまうのである。

山名氏の分裂

山名氏はもともと新田氏と同族であった。しかし、山名時氏は新田義貞には付かず、足利尊氏に仕えており、時氏はその功績によって山陰地方の有力大名になった。観応の擾乱が起こると、時氏は南朝に属して京都を占領し、撃退されると足利直冬を擁して再度京都を占領した。やがて、大内氏とともに南朝方から北朝方に寝返り、幕府から山陰地方の守護に補任された。山名氏は外様大名である点や、しばらく幕府の体制外にあった点では大内氏と共通するが、もともとは幕府創立に関わった点で、大内氏とは性格を異にする大名であったのだ。

義満の将軍就任以前、山名氏の惣領は時氏《ときうじ》—師義《もろよし》と父子間で受け継がれたあと、師義の弟の時義《ときよし》に移った。時義には実子の時熙《ときひろ》と養子の氏之《うじゆき》がいた。一方、師義の子である満幸《みつゆき》は、自分こそが山名氏の正統であると主張し、時熙・氏之が山名氏の正統扱いされることに反感を持っていた。そこで、満幸は一門の中で最も多くの領国を持つ叔父の氏清《うじきよ》の娘婿となり、時熙・氏之に対抗しようとした。

このような山名氏内部の分裂は、義満にとって山名氏の勢力を削減する絶好のチャンスであった。時義が死去すると、義満は明徳元年（一三九〇）、氏清に時熙を、満幸に氏之を攻撃させた。ところが、義満は翌明徳二年（一三九一）、時熙・氏之を許したあと、出雲国の仙洞《せんとう》領（上皇の所領）である横田荘を押領したという理由で、今度は逆に満幸の方を罰した。このようにして、義満は山名氏一族を分断し、〈氏清・満幸〉方と〈時熙・氏之〉方を仲たがいさせるように仕向けたのである。

乱のはじまり

このような義満の仕打ちに、〈氏清・満幸〉方は幕府への不満を募らせ、反乱を企てる。これが明徳の乱である。これに対し、〈時熙・氏之〉方は幕府方に付いた。

この乱の様子は『明徳記』という軍記物に詳細に描かれている。作者不明であるが、乱の直後に成立し、乱から六年後の応永三年（一三九六）にはもう世間に流布していた。たしかに『明徳記』は戦記文学であり、その内容には事実をドラマ化したり誇張したりした箇所が少なくない。しかし、登場人物は活き活きと描かれ、合戦の様子も具体的である。

そこで、以下では『明徳記』から山名氏一門の動向及び大内義弘の活躍を記した箇所を紹介し、そこからこの乱のスケールの大きさと戦闘の激しさを感じ取ってみたい。

折しも、明徳二年（一三九一）一〇月一五日に大地震があった。当時名高い陰陽師であった土御門《つちみかど》（安倍）有世が将軍に呼ばれ、有世は七十五日のうちに大兵乱が起きると予言した。この予言に、義満は山名氏が反乱を起こすことを予感した。そして、氏清と満幸はそれぞれ複数の領国を持つ大大名であったが、義満は両方とも滅ぼす覚悟を固めたのである。

一方、仙洞領の押領によって京都から追放された山名満幸は和泉国に赴き、叔父の氏清を説得して将軍への謀反を促した。さらに、氏清は紀伊守護である兄の義理を説得し、同心する約束を取り付けた。このようにして山名氏一族によって将軍に対する反乱軍が結成された。反乱軍の作戦は、一二月二七日を期日として、満幸が西方の山陰側から、氏清・義理が南方の和泉・紀伊側から、同時に京都に攻め込むというものであった。

遅れて氏清の甥で因幡守護の氏家も反乱軍に加わった。氏家はさっそく京都を出て一二月二三日に京都の南方に位置する八幡《やわた》（八幡市）に布陣した。氏家の動きを知った京都の住人たちは、京都で戦乱が起きると言って騒ぎ出した。彼らは資材雑具を運び出し、避難先を探し迷った。

幕府軍の布陣

義満は一二月二五日に、在京している諸大名を召集し、合戦の評定を行った。足利一門大名では細川頼之とその弟の頼元《よりもと》、斯波《しば》義重《よししげ》、畠山基国《はたけやまもとくに》、今川泰範《いまがわやすのり》、一色詮範《いっしきあきのり》等の名が見える。それ以外では、外様大名である大内義弘、赤松義則《あかまつよしのり》、京極高詮《きょうごくたかあきら》、六角満高《ろっかくみつたか》が加わった。義満は当家の運と山名一家の運とを天の照覧に任せようと言い、諸大名に決意のほどを語った。この時義満は、「家僕《かぼく》」（家来）にお仕置きをするくらいのことであって、大した戦闘ではないと考え、山名軍の勢力を意に介さなかった。そのため、最初、着長《きせなが》(大将の用いる大鎧)は着けずに、烏《え》帽子《ぼし》と直垂《ひたたれ》だけの軽装であった。

幕府軍は反乱軍を迎え撃つため、京都の中央に位置する内野《うちの》を囲むように布陣した。「内野」とは、大内裏《だいだいり》が鎌倉時代に焼亡し、その跡地が野原になったまま放置されていた一帯を指す。義満は内野を囲む防衛線を破った敵軍を内野の内部に誘い入れ、周囲に布陣する幕府軍が包囲してこれを殲滅する作戦を立てた。義満はこのような平地に兵力を集中的に投入することによって、短期決戦に持ち込もうとしていた。大内義弘は幕府軍の一員として、山名氏清勢が向って来る正面に当たる場所に布陣することになった。

将軍及び幕府軍に属する諸大名の布陣は表のとおりである。

当時の内裏は土御門東洞院にあり、現在の京都御所の場所にあった。そうすると、内裏や将軍の住む「花の御所」(室町殿)は、内野から一キロメートルほどしか離れておらず、下手をすれば反乱軍がこれらの御所に矛先を向ける危険性があった。もしも内裏や将軍御所が放火されるならば、天皇と将軍の権威は損なわれる。そのようなことがないように、義満は何としても内野の地で反乱軍を滅ぼす必要があったであろう。

山名軍の進攻

いったんは一二月二七日を期して攻撃開始を決めた反乱軍であったが、山名義理《よしまさ》が率いる紀伊勢が到着しないので、内野への突入は正月二日に延引することになった。義理は紀伊国から摂津国天王寺まで進出することを期待されていたが、結局、出兵もしていなかった

将軍及び幕府軍に属する諸大名の布陣

幕府軍	布陣した場所
将軍義満	馬廻の三千余騎とともに，内野の東側に位置する中御門堀川の一色詮範亭に本営を置いた。
今川泰範・赤松顕則・六角満高	京都の南端を守るため，八百余騎で東寺を陣地とし，京都の南方，鳥羽方面からの敵に備えた。
細川頼之とその兄弟	三千余騎で中御門西大宮に布陣し，京都の西方の山陰側から侵入する山名満幸勢を引き受けようとした。
赤松義則	二千余騎で冷泉西大宮に陣取り，丹波口から来る山名高義・小林義繁勢を待ち構えた。
畠山基国	八百余騎で神祇官の北にあり，内野の東側から侵入する敵に備えた。
大内義弘	七百余騎で二条大宮に布陣し，神祇官の森を背にし，大宮大路を北上する山名氏清勢に立ち向かおうとした。
一色詮範	五百余騎で春日猪熊にあり，猪熊小路・堀川小路を北上する敵に備えた。
斯波義重	七百余騎で中御門油小路に布陣し，将軍義満の陣に殺到する敵を防ぎ，勝敗を決する役割を担った。
京極高詮	八百余騎で一条より北，船岡山周辺に位置した。山名満幸の別動隊が，京都の北西方向の入り口である長坂口から侵入するのに備えた。

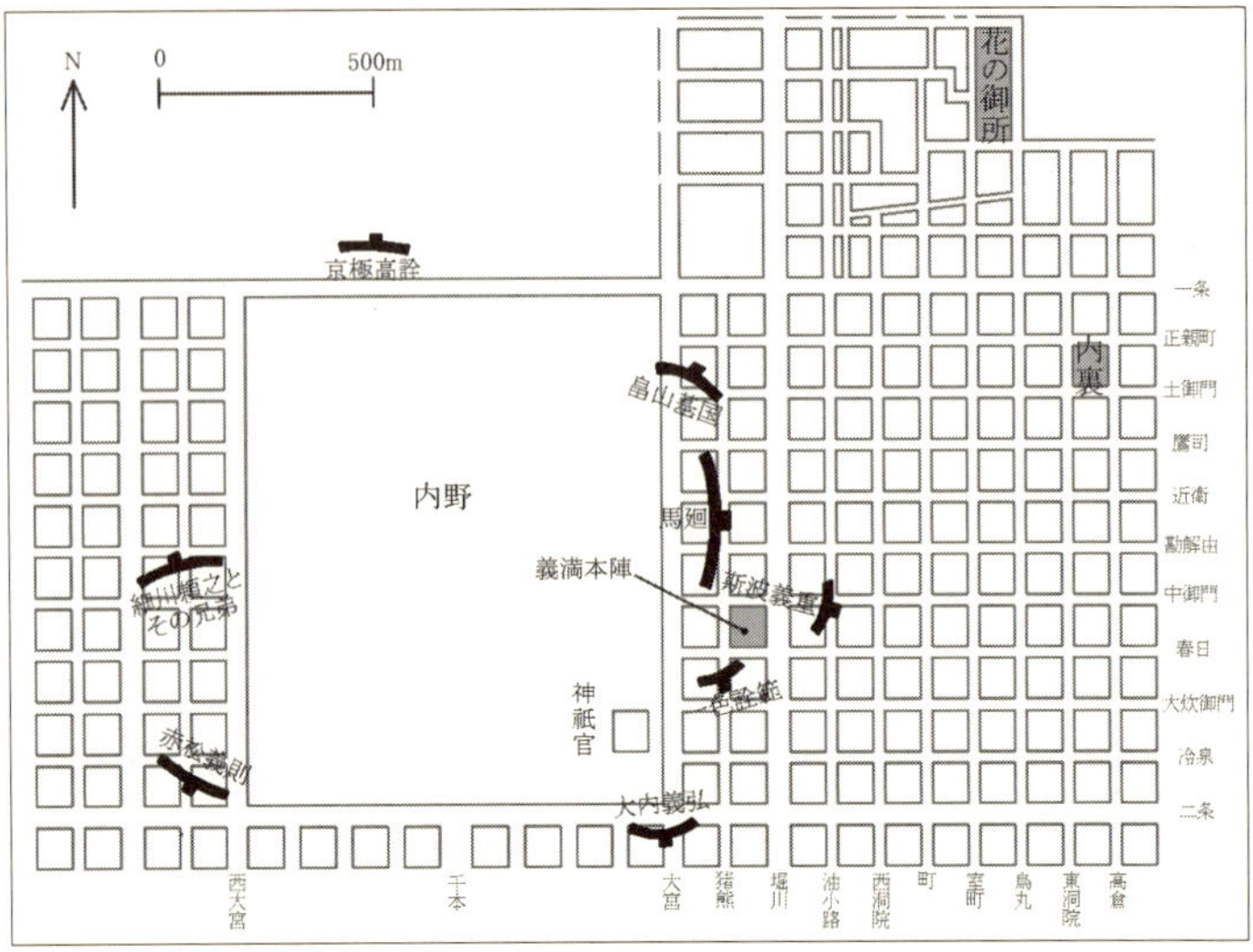

明徳の乱　布陣図

のだ。山名氏清は和泉国から進んで八幡で氏家軍と合流した。しかし、総攻撃が年内なのか新年になるのか定まらない状態で、反乱軍の兵士たちは動揺し、士気が落ちて脱落者が出始めた。そのため、氏清は陰陽師の占いに従い、戦闘開始の日を早め、再度一二月三〇日に変更した。そして、氏清は八幡に駐留している軍勢の編成を変え、山名氏家の部隊のほか、山名上総介高義《かずさのすけたかよし》・小林上野守義繁《こばやしこうずけのかみよししげ》から成る別動隊を作った。一方、山名満幸は二九日夜に道に迷って到着が遅れたので、大葦宗信が率いる別動隊と一緒になって、二条大路に向かった。

山名軍の主要部隊の進攻ルートは以下のとおりである。

小林義繁との戦闘

一二月三〇日の卯の刻（午前六時頃）、幕府軍

山名軍の主要部隊の進行ルート

山名軍	進行ルート
山名氏家	因幡勢五百余騎を率い，八幡を出発し，二条大路へ押し寄せた。
山名氏清	二千余騎で淀から桂川を渡って七条に達したあと，大宮大路を北上し，南方から内野へ迫った。
山名満幸	出雲・伯耆・隠岐・丹後の四か国の兵を率い，一千七百余騎で丹波国との国境から侵入した。いったん「峰の堂」（法華山寺）に陣を構えたあと，西の京から二条に入って内野に攻め入った。
山名高義・小林義繁	七百余騎で八幡から上桂に出たあと，鴨川の東岸の四条縄手を通り，東方から内野へ迫った。

と反乱軍の合戦が始まった。山名氏清勢の先発隊は、氏清の弟である山名上総介高義と氏清の腹心の部下である小林上野守義繁に率いられていた。彼らは四条を北上しながら、戦のさきがけで討死にするぞと声を上げた。このあと幕府軍きっての闘将である大内義弘と、山名軍随一の猛者である小林義繁との戦闘が始まるのである。

義弘は山名軍の雄叫びを聞くと、自軍の将兵に対し大勢の敵を迎え撃つ覚悟を求め、「西国にては度々の合戦に毎度名を揚げたる兵なれども、都辺の軍《いくさ》はただ今これを始めなり、我らが安否この軍にあり、一人も残らず切り死にして名を万代の誉《ほまれ》に残し、尸《しかばね》を一戦の巷《ちまた》に捨てよ」と叫んだ。かねてからの手筈で、五百余騎の兵が一度にハラリと馬から降り立った。楯を一面に並べながら、射手の兵二百余人を左右に分けて進ませた。そして、敵が真ん中を突破しようとした場合は馬を斬って跳ねさせ、落馬したところを取り押さえて刺し殺すこと、敵も馬から降りて斬り付けて来た場合は組討ちにすること、そして、敵が退いても追わず、手強い敵に出会っても一歩も退かないこと、という戦闘の方針を義弘は大声で全軍に伝えた。

義弘は大内勢の先頭に立って馬から降り立った。その時義弘は、紺色の練貫《ねりぬき》で縅《おど》した鎧に、同じ色の五枚甲《かぶと》の緒をしめていた。二尺八寸（八四センチメートル）の太刀をはき、青地の錦の大母衣《ほろ》をかけ、三尺（九〇センチメートル）余りの長刀《なぎなた》を携えていた。

小林義繁の先駆けの兵二百余騎は二条大宮に進出した。夜が明け始め、甲をかぶった三百余騎が馬から降りた。楯をまばらに立て、その合間から切っ先をそろえたまま静まりかえっていた。内野の方を見渡せば、雲霞のごとき軍勢がいたので、山名高義も小林義繁も大きな山に向かうような心地がしていた。

戦闘が始まり、馬の足音・鬨《とき》の声が天地に響きわたった。大内義弘の兵は神祇官の森を背にし、射手の兵は楯から左右に流れ出て、雨の降るごとく矢を射た。小林勢は騎馬による進軍を阻まれ、馬から降り立って、大内勢の真ん中へ突進した。敵味方が入り乱れ、大宮通りを南北に、二条通りを東西に、追いかけたり追い返されたりしながら、一度に五人、十人と討ち死にするほど激しい戦闘を行った。西国に名をはせた大内勢と、中国で勇士の聞こえがあり、「鬼ここめ」（鬼・妖怪）と恐れられた小林勢が戦うのだから、互いに命を惜しまず体当たりで戦った。敵味方の区別もなく、二、三百人が死に重なった。

義弘勢が手強いことがわかると、兵力を消耗した山名高義と小林義繁は、生き残った兵三十騎ばかりで義満を直接襲撃することにした。これを見た義弘は、自分が討ち死にでもしない限り一人も通すなと叫んだ。そして、彼は神祇官の東面、冷泉大宮を駆けながら、長刀を振り回し、敵を斬りまくった。

小林義繁は義弘に太刀で打ちかかり、義弘は左の腕を切られた。義弘は長刀で応戦し、小林の片方の股を切り落とした。小林は倒れたままの姿勢で、首を取りに来た義弘の兵を引き寄せ、刺し違えて死んだ。小林が討たれたのを見て、今度は小林の息子、三郎の若党が義弘を取り囲んだが、杉豊後《（重運）》・杉備中《（重明）》・須江《（陶）》美作・平井入道《（道助）》といった義弘の側近が義弘の窮地を救った。一方、山名高義は敵味方の混戦の隙を突いて義満の陣を目指したが、中御門大宮で義満の馬廻に討たれた。

巳の刻の終わり（午前一一時頃）、「二条大宮の一番の戦い」は終了した。大内勢は六十余人が討たれ、反乱軍側は百八十三騎が討ち死にした。

山名氏清の最期

足利義満は、馬廻五千余騎とともに中御門大宮で山名満幸勢の来襲に備えていた。するとそこに二条大宮の戦いを終えた大内義弘が現れた。山名氏清勢が大宮通りを北上しつつあるにもかかわらず、義弘の陣営では戦える者がいなくなり、自ら義満に援軍を要請に来たのであった。義弘は左の腕を二か所切られ、鎧《よろい》の袖・甲《かぶと》のしころもちぎれて散々なありさまであった。義弘は、「義弘討ち死に仕て候はば、定て御大事出で来るべし、急ぎ入れ替え勢を給ふべきにて候、およそは義弘ほどの勇士をば御持ち候まじきものを」と言い、自分ほどの家来を討ち死にさせることがどれほどの損失であるかを訴えた。義弘は馬ともども血で真っ赤になって、眼を大きく見開き、大声をあげたので、その気色はあたりを払って見えた。これを聞いて、天下に戦《いくさ》ということが今に始まったわけではないのに、弓馬に携わる者で、このような大事に誰が命を惜しむであろうかと義弘の言葉を批判する者も多かった。義満は義弘の口上を聞くと、誠に今朝の合戦の忠義は比類がないといって義弘のはたらきを褒めたうえ、これを持ってもう一合戦せよと義弘に太刀を渡した。そして、守備位置が難儀に及ぶなら、合力のため先ず赤松義則を派遣するといって義弘を持ち場に帰した。

幕府側の予想どおり、山名満幸勢は内野口に押し寄せ、細川・畠山両氏の軍勢と激突した。この戦闘は卯の刻（午前一〇時頃）から午の刻（正午頃）まで続いたが、満幸は将軍の馬廻五千余騎の大兵力にはかなわず、再起を期して丹波路へ逃げて行った。

山名満幸勢が退くと、今度は山名氏清の本隊が登場し、氏清は二千余騎を率いて三条坊門大宮に押し寄せた。義弘は元の守備位置である神祇官の森から南方へ大宮表に移動し、たとえ死骸になっても二条より北へ敵を通すなと兵に厳命して氏清勢を待ち受けた。この時赤松義則が一千余騎を率いて大内勢に加勢したが、山名氏家勢五百余騎、山名氏清勢五百余騎と相次いで戦ったあと、結局退却してしまった。

山名満幸を打ち払ったあと、足利義満は小休止を取っていた。そこへ大内と赤松両人から山名氏清勢との戦闘に援軍の要請があり、将軍の馬廻りの中から一色詮範が名乗りを上げた。そして、一色勢五百余騎は斯波義重の五百余騎を加え、大内・赤松勢とともに山名勢と騎馬戦を行った。その結果、氏清は押小路大宮で一色詮範に討たれた。結局、幕府軍の戦死者は二百六十余人と記され、反乱軍の戦死者は八百七十九人を数えた。

以上が『明徳記』に記された「明徳の乱」の様子である。実に活き活きと戦場のありさまを伝えている。

室町初期の戦闘は一種の集団戦であった。もはや源平合戦の頃のように、一騎打ちを合図にやおら始まるような悠長なものではなくなっていた。『明徳記』の作者による誇張があるとしても、両軍で一千人を越えるという戦死者の数は、この戦いが〈集団対集団〉の激しいものであったことを反映したものであろう。

和泉・紀伊の平定

明徳三年（一三九二）正月四日、足利義満は山名氏から没収した領国の守護職を諸大名にあてがい、大内義弘には和泉・紀伊両国を与えた。義弘は自己の側近の中から、杉重明を和泉守護代に、陶弘宣を紀伊守護代に任じ、新たな領国の支配を委ねた。

ところが、反乱軍側に立ち守護職を没収されたあとも、山名義理はひとり紀伊国にとどまっていた。そこで、義弘は紀伊国を平定するため、二月一三日に都を立ち、和泉国に下った。西国の兵船百余艘に乗った義弘の兵は、紀伊国に押し渡り、和歌、吹上、玉津島、紀の湊から攻め入った。義弘は和泉の堺から出立し、一千余騎で和泉国府（和泉市）に布陣した。これに対し、山名義理自身は紀伊国大野に駐屯し、弟の草山駿河守《くさやまするがのかみ》に美作勢を副えて、七百余騎で和泉国の雨山城及び土丸城に立て籠もらせた。ところが、赤松義則が義理のもう一つの領国である美作国に攻め入り、義理方を追い払った。そのため雨山・土丸両城に籠った美作勢は、心変わりして義弘方に付いた。これによって紀伊国勢もことごとく義弘に降参し、義理勢は壊滅したのである。

奮戦の意義

義満は「馬廻」という直轄軍に守られ、本営でどっしりと構えている。義弘の兵力はというと、他の大名の兵力と比べて特に強力というわけではないのに、その守備位置は、特に反乱軍の正面にさらされた。義弘は、反乱軍随一の猛者の小林義繁と死闘を展開するストーリーによって、『明徳記』の中で幕府軍最強の「勇士」に仕立てられている。小林勢に消耗させられたにもかかわらず、義弘は引き続き氏清の本隊と交戦したという。その行動は、将軍義満に対して忠義であるとも卑屈であるとも言える。その一方で、義弘は自分ほどの「勇士」を失いたくなければ援軍をよこしてほしいというように、周囲の大名が顔をしかめるほど横柄なことも言っている。

結局、義弘は家臣六十余人を失い、自身も危ない目に遭いながら、山名氏清の首を取る栄誉は足利一門の一色詮範に持って行かれてしまった。それでも、『明徳記』の中の義弘は、外様大名が粛清されることを、明日は我が身とは思っていない。将軍によって、大内と山名という似た者同士の外様大名が戦わされているとも認識していない。義弘はひたすら将軍に対し忠義で命知らずな「勇士」として描かれているのである。

大内義弘と小林義繁という「勇士」同士の激突という図式は、『明徳記』の作者が作り上げた武勇伝かも知れない。それでも、大名の当主自らが陣頭に立って奮戦するということはあり得ることであろう。というのは、地方大名の軍勢は、基本的には烏合の衆だったからである。当時の大名の軍勢には、当主の直属の家来は少なく、領国内に独自の所領を持ち、大名に完全には臣従していない「国《こく》人《じん》」と呼ばれる地方武士の割合が高かったのである。国人たちは自己の利益を優先し、形勢が不利と見るや、大名を平気で裏切る。この時代、忠誠心がまちまちな兵士を含んだ軍勢を率い、敵に向かっていくためには、大名の当主自らが「勇士」となって敵陣に突入しなければならなかっただろう。特に、義弘は将軍の前で忠誠心を見せようと躍起になっている。それゆえ『明徳記』に描かれたように、義弘が陣頭に立つということはありえたと思われるのである。

大内氏と山名氏

ここで、大内氏と山名氏の関係に少し触れておこう。「明徳の乱」で激突した大内氏と山名氏は、このあとも幕府政治に翻弄され、戦ったり同盟したりを繰り返す。山名時熙は、「明徳の乱」の際、大内義弘によって命を救われているにもかかわらず、「応永の乱」では、幕府軍に加わって義弘を攻めることになる。一方、山名氏清の子の宮田時清と山名満氏は、丹波国に逃れたあと、「応永の乱」では、義弘に呼応して丹波国で挙兵し、再度幕府に対し反抗する。さらに、時代が下って「応仁・文明の乱」では、時熙の子の持豊（宗全）は、大内政弘とともに西軍の首領となる。西日本の二大大名が共同することによって、幕府への反乱は、長期間にわたって広く諸国を混乱に陥れ、日本を戦国時代に向かわせるのである。

2　南北朝合体交渉

明徳の乱後、幕府は軍事的に南朝を圧倒し、政治的安定期にさしかかった。そこで、足利義満は南北両朝を合体させ、祖父の尊氏が求めた国家の形を実現する手はずを整えた。義弘はというと、明徳の乱の功績により、ますます義満の信頼を得て、和泉・紀伊両国の守護になり、今度は南北朝の合体に関与することになった。

南北朝合体交渉と義弘

従来から、「大内義弘は南北両朝による和平交渉に尽力した」（臼井信義『足利義満』）と言われて来たが、実は義弘がどのようなかたちで交渉に関わったかは明らかではない。佐藤進一も「最後の和平交渉はまず大内義弘によって進められたらしい」と言い、義弘の関与については推測の域を出ていない（佐藤進一『南北朝の動乱』）。しかし、大内氏は基本的には外様大名である。義弘が南朝との交渉を代表するということは、北朝の公武政治の建前上考えられない。交渉の最終段階では、北朝から吉田兼煕、南朝から吉田宗房《よしだむねふさ》・阿野実為《あのさねため》が出て折衝を重ねたということであるが、これ以上詳しいことはわからないようである（森茂暁『南北朝の動乱』）。吉野には南朝の朝廷があり、身分的にも職務担当のうえでも、政権担当に不足のない人材が集められていたと言われている（森茂暁『南朝全史―大覚寺統から後南朝へ―』）。それゆえ、当然南朝の朝廷の責任者と交渉するため、北朝側でもそれにふさわしい身分の公家たちが交渉の表舞台に立っていたと考えられる。

義弘の役割

義弘が南北朝合体の交渉に関与したことを明示している文献は、「金剛寺古記写」（『県史』史料中世1）のみである。「北朝明徳三年壬申十月、大内義弘義満の命を蒙り、南朝和睦の義を繕《つくろ》う、閏十月二日和睦の事調い、南帝熙成王（後亀山天皇）嵯峨大覚寺に到着す」と記されている。「南朝和睦の義を繕《つくろ》う」の「繕」という表現が字義どおりであるならば、義弘が主たる交渉担当者を補佐するようなニュアンスが感じられる。そして、義弘は明徳の乱の褒賞として和泉・紀伊両国の守護となっている。和泉国の守護所は堺であり、堺は南朝の支配地域である河内国・大和国に向かう陸上交通路の結節点である。それゆえ、堺を征する義弘は南朝と交渉する力を得ることができたと考えられる。義弘は南朝との交渉にはうってつけのポジションにあった。

義弘が新しく守護となった和泉・紀伊両国をうまく治めていたということは、時代は下るが「応永の乱」の際の義弘の部下である平井道助の発言からうかがえる（『応永記』）。それは、和泉・紀伊の支配では大内氏が「非義」を行っておらず、「土民」（地元民）はいささかも大内氏に背くことはないし、兵粮・材木の多い所なので、思うように要害を構えることができるというものであった。もし、道助の発言どおりなら、大内氏は和泉・紀伊両国の住民の支持を得ていたことになる。

南北朝合体の表の交渉は北朝を構成する貴族たちが担当していた。その一方で、義弘は先ず和泉・紀伊両国に対して懐柔策を施し、そこで地盤を固めることに努めたようである。次に、義弘は最も南朝勢力圏に隣接した位置にあることから、南朝方の武士たちを説得し、北朝方に寝返らせていったと思われる。和泉の隣国の河内国では、楠木氏の惣領である正儀が、北朝に寝返って守護となり、南朝勢力を駆逐していった。そして、義弘は正儀と共同して南朝勢力を河内の一部と大和の吉野に追い詰めていった。さらに、『応永記』には、堺が落城する際、大内軍に加わっていた楠木氏の二百余騎が大和路を落ちて行ったという記述がある。南朝勢力を駆逐したことがきっかけで、楠木氏は義弘の配下に加わっていたのだろう。

南北朝合体の最終段階は、皇統の象徴である「三種の神器」を京都へ帰還させることであった。明徳三年（一三九二）一〇月二五日に、駕輿丁三五人、御輿長一〇人が、三種の神器を迎えるために南朝に派遣された。この時、大内義弘が同じく迎えに参ったと記されている（東京大学史料編纂所蔵謄写本『有職抄』）。北朝の朝廷の使者が神器を迎えに行く際、義弘は「武家」の代表として三種の神器の護衛にあたったのである。当時、義弘は和泉・紀伊両国の守護であり、大和の奥地の吉野から神器を護送するのには適任者であった。『応永記』の中で義弘は「それがしが南朝御和睦の事を取り申し、両朝一統するのみにあらず、三種の神器を北朝に納む」と述べ、和睦の交渉のみならず、三種の神器を取り戻した功績をアピールしている。この発言のうち、「南朝御和睦の事を取申し」ということについて、実際に義弘がどのような和睦交渉を行ったかは不明であるが、「三種の神器を北朝に納む」という行為は、たしかに義弘が関わったことであると認めてよいだろう。

このように考えると、義弘が南北朝合体交渉に果たした最大の役割は、表の交渉役ではなく、南朝勢力圏に隣接した国の守護として、地の利を活かし、舞台裏で南朝方の武士たちを懐柔することであったと言えるだろう。

南北朝合体が実現したあと、明徳四年（一三九三）一〇月一九日、義弘は和泉国の堺で犬追物を開催した。将軍義満及び諸大名が一同に会する宴席の中で、義弘は最も名誉ある大名になったおのれを自覚したであろう。そして、同年一二月一三日、義弘は将軍家の一族に准じるという名誉を与えられたのである（内閣記録課所蔵古文書『大日本史料』七―一）。

以上のように、南北朝合体交渉に義弘がどのように関わったか不明な点が多いものの、義弘は、北朝にとって最も重要な政治交渉を成功させる推進力になったことはまちがいない。ここで義弘は将軍家の一族に准ずるという栄誉に輝いたが、このあと、京都で足利一門大名に交じって自己の政治的地位を維持していくことは容易なことではなかった。

第四章　周防・長門の支配

1　大内氏の本拠地

周防・長門

周防国在庁官人出身の大内氏にとって、周防国は最も重要な領国である。これに対し、長門国は南北朝以降に支配した歴史の浅い支配領域であった。二つの国は異なった性格を有するが、のちに大内氏の本拠地となる周防国の山口は、長門国との国境に近く、その立地は周防・長門を二つながら支配していこうとする大内氏の意図を感じさせるものである。もともと鎌倉幕府も、モンゴルの再来に備え、九州に次ぐ防衛上の要地として、周防・長門両国を長門探題に管轄させた経緯がある。そして、大内氏が滅び、毛利氏が中国地方を制覇したあと、関ヶ原の敗戦で毛利氏のもとに残されたのが防長両国《ぼうちょうりょうごく》である。最後に、明治維新後はこの二か国をもとに山口県が成立する。このように、遅くとも鎌倉末期までには、権力者にとって周防・長門両国は一体として支配する方がよいと認識され、現在の山口県のもとになるような支配領域が想定されていたのである。

長門国は本州最西端に位置し、九州との接点の地である。大内氏の個性の一つである〈東アジアとの関係の近さ〉を支えたのは関門海峡であり、弘世の勢力圏の安定には赤間関の支配が必須であった。そのために弘世は長門国の守護にもなっておく必要があった。そして、のちに弘世は石見にも進出するが、周防国から石見国に軍勢を派遣するためには必ず長門国内を通らなければならず、その点からも弘世にとって長門国はなくてはならない土地だったのである。

山口開府

では、弘世は大内氏の領国支配を、どこを本拠地として始めたのであろうか。従来、山口を「開府」した人物は大内弘世であると言われている。近世に作成された「山口古図」（山口県文書館蔵）にも、弘世が延文五年（一三六〇）に京都を模して山口の町づくりをしたという意味の銘文が記されている。その後、山口の町の創始者を弘世とする考え方が近代の歴史家にも踏襲されてきた（御薗生翁甫「大内弘世の山口開府と城下町の機構」）。

ところが、現代の考古学的発掘の成果を見ると、弘世を山口の開創者とするわけにはいかないようである。近年、出土資料の編年から、山口に守護城下町が形成された最大の画期は、政弘の時代の一五世紀中頃であるとする説が唱えられた（古賀信幸「守護大名大内（多々良）氏の居館跡と城下山口―大内氏館跡と町並遺跡の発掘成果から―」）。これに対して、出土資料の編年を再検討した結果、新たな説も唱えられている。山口の都市化については一五世紀まで降ることを認めながらも、大内氏館の設置年代については義弘期まで遡らせようという説である（増野晋次・北島大輔「大内氏館と山口」、増野晋次

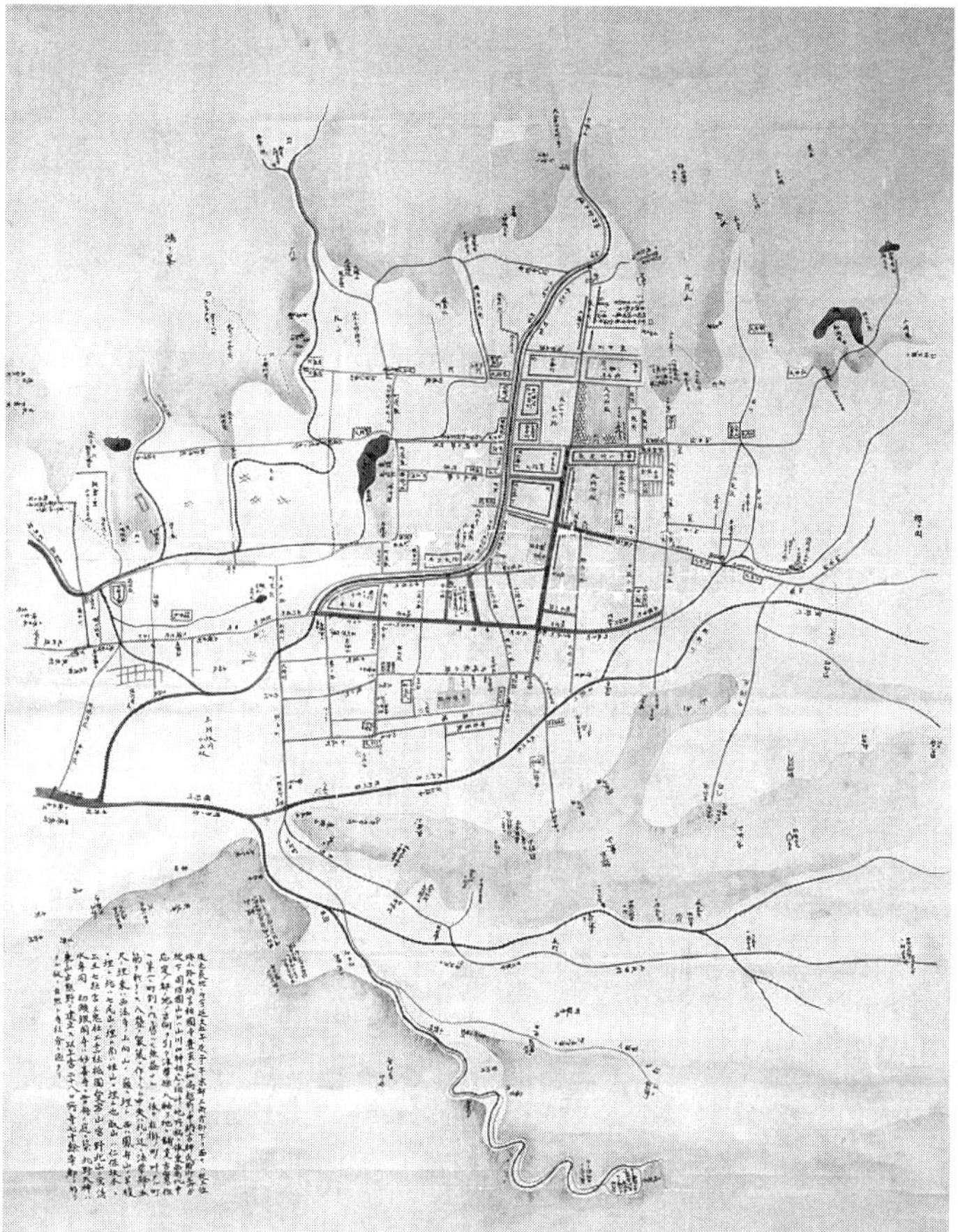

大内氏時代山口古図

「中世の山口」)。

しかし、いずれの説に従っても、考古学的な分析では、山口の都市的な発展は義弘の時代以降のことであるようだ。つまり、父の弘世の時代では、彼が「開府」したと言えるほど、山口は大内氏の領国支配の本拠地にふさわしい姿にはなっていなかったのである。

そもそも在庁官人の首領であった大内介の根本所領は周防国吉敷郡大内村であった。そして、鎌倉末期と推定される大内氏の所領リスト(「大内介知行所領注文」『防府市史』史料I)に、大内村は確認できるが、山口は見当たらない。

残念ながら、大内村に大内氏の痕跡(屋敷跡など)はいまだ発見されていない。しかし、山口が大内氏の領国支配の中心となるまでの間は、大内が依然本拠地としての役割を果たしていたと考えるのが自然であろう。

中世の大内村の範囲は、近世の長野村・矢田村・御堀《みほり》村をあわせた程度であろう。近代にはこれら三か村が合併して大内村となり、昭和三〇年(一九五五)に近隣の村を併せて大内町が成立した。さらに、大内町は昭和三八年(一九六三)、すでにできていた山口市と合併して同市内の大字大内となり、現在に至っている。

中世以降、大内と山口は隣接した土地であり、現在はともに山口市内に含まれている。しかし、大内と山口は地形的には別の盆地に位置し、しかも大内氏の発展途上でそれぞれ異なる意義を持った土地であった。

なお、大内村は中世を通じて単に「大内」と呼ばれることが多いので、本書では単に「大内」と呼ぶこととする。

明の使節と大内

大内弘世は外国使節を二度、周防国内に滞在させている。外国使節をもてなす場所は大内氏にとって特別な場所であり、弘世の本拠地の可能性が高いのではないだろうか。昭和三四年（一九五九）に御薗生翁甫《みそのうおうすけ》が趙秩の滞在した弘世の本拠地を「山口」であると述べて以来（御薗生翁甫「明使趙帙朱本の山口館待と五山詩僧春屋妙葩」）、同様な見解が踏襲されている。しかし、関係史料をよく読んでみると、そうではないようである。

明の洪武三年（一三七〇）、明王朝は倭寇の禁圧を求め、趙秩《ちょうちつ》を初めとする使節を日本に派遣した。趙秩は博多に三年とどまり、上洛する途上、応安六年（一三七三）の春から大内弘世のもとに滞在した。彼はいったん弘世のもとを去ったが、途中で賊に遇って所持品を奪われ、再び弘世のもとに戻った。その後、彼は同年一〇月まで滞在し、博多に戻った後、翌応安七年（一三七四）、明に帰国した。

明の外交方針の基本は、国家間の交渉しか認めないというものであり、明の使節を自領内に長期間滞在させるということは、大内氏が独自に外交を行っていたに等しい行為である。弘世は貞治二年（一三六三）に幕府の体制に帰順してからわずか一〇年で、一介の守護とは思えないような振る舞いをしているのである。このことは、弘世が急速に幕府体制の中で地位を高めた結果であると言えるし、逆に、幕府に対して独立的であったことを示しているとも言える。

趙秩滞在の関係史料としては、春屋妙葩《しゅんおくみょうは》とその弟子たちが、趙秩との間でやり取りをした詩文や書簡をまとめた『雲門一曲』という書物がある。『雲門一曲』の本文は、『大日本史料』六編之三八冊及び四〇冊の随所に掲載されている。これは趙秩の動静がわかる文献として非常に重要である。

当時、有力な禅僧である春屋妙葩は、管領細川頼之との対立により丹後国雲門寺《うんもんじ》に隠棲していた。弘世は妙葩と結託し、幕府と連絡を取り合うことなく、独自の外交姿勢に従っていたと言われている。趙秩が上洛をやめて、弘世のもとに滞在したのも春屋妙葩の斡旋による（村井章介「日明交渉史の序幕―幕府最初の遣使にいたるまで―」）。

それでは、弘世が趙秩を滞在させた場所はどこなのであろうか。実は、『雲門一曲』には「山口」の地名は見えず、「大内」という地名のみが現れている。『雲門一曲』には、「大内玄峰居士」や「大内居士」というように、弘世を指す用例がある一方、それ以外の「大内」は、地名を指している。例えば、「師（春屋妙葩）の使者を大内に遣わすに会う」、「道、大内に次《いた》る」、「冬の間大内より九州に帰る」、「星の標《しるべ》を大内の館に拝することを獲《う》」というような表現である。したがって、『雲門一曲』の記述から見れば、明使の滞在した場所は大内であったとするのが自然である。

さて、『雲門一曲』によれば、弘世は趙秩を滞在させた際、「大内殿」の一画に彼らの宿舎を用意した。「大内殿」とは大内氏の「御殿《ごてん》」という意味である。そして、この宿舎には多様な呼び方があった。「玄峰（弘世）之西館」、「大内殿日新軒」、「大内日新館」、「大内殿之西庁」、「大内殿之西堂」、「大内殿之西軒」というような呼び方である。つまり、宿舎は大内氏の御殿の西側に位置しており、「日新軒」または「日新館」という名前が付けられていたということである。

さらに、「日新軒」という名称に注目すると、そこは大内エリア内にあった乗福寺という禅寺の一廓だったのではないだろうか。この推測は、足利義満が京都に創建した相国寺の塔頭《たっちゅう》の構造と比較してみると説得力を持つであろう。相国寺には義満の菩提を弔うため鹿苑院《ろくおんいん》が建てられ、その内部に設けられた将軍の居所が蔭涼軒《いんりょうけん》であった。

このように禅寺において「〜軒」という建物は、その寺の後援者が使用する空間であったようである。そうすると、乗福寺の場合も、「日新軒」や「西軒」と呼ばれる建物は、日頃から弘世が使用していた空間であり、それを特別な賓客の宿舎にあてたと想定できるのである。

聖地としての大内

弘世・義弘父子の時代、大内氏にとって大内は一種の聖地でもあった。それは大内氏の氏寺である天台宗の興隆寺と五山派臨済宗寺院である乗福寺が、ともに大内にあったからである。

南北時代の大内氏は、興隆寺の境内にあった氷上山妙見社で妙見の祭祀を行っていた。大内氏が妙見祭祀をしている史料上の初見は、文和三年（一三五四）であるが（興隆寺文書二〇八、『県史』史料中世3）、興隆寺の建立は、暦応四年（一三四一）の焼失以前に遡る（興隆寺文書二〇六、『県史』史料中世3）。応安七年（一三七四）に弘世が氷上山妙見社の上棟を祝った際、多数の家臣が神馬を寄進しており（興隆寺文書七九、『県史』史料中世3）、妙見という氏神を共有することで、主君と家臣との一体感を強めようとしていたのだろう。

また、南北朝時代になると、大内氏は先代の当主を祀る菩提寺として、将軍家を真似て禅宗寺院を

乗福寺伽藍図

建立していった。大内には、大内重弘及び弘世の菩提寺として乗福寺が建立されたが、実はこの寺院は、単に曾祖父及び父を記念する役割にとどまらなかった。乗福寺は建武五年（一三三八）までに諸山に列せられて五山派の官寺になっており（真木隆行前掲論文）、五山派は幕府の重用する臨済宗の流派であることから、大内氏は、五山派の人的ネットワークを活かし、幕府との親密な関係を築こうとしたと思われる。あわせて、幕府との関係を誇示することにより、家臣に向けて自分が格の高い大名であることをアピールしたのである。のちに大内氏は、家臣に歴代当主の忌日ごとに菩提寺に参拝することを義務付け、大内氏を敬うよう制度化している（「大内氏掟書」）。

興隆寺は主君と家臣がともに大内氏の氏神を敬う場として家臣を糾合する役割を担い、乗福寺は家臣に向けて大内氏の威勢を示す役割を担っていたのである。

このように、大内氏にとって重要な寺院がともに大内に存在していたことから見ても、大内という土地は、弘世・義弘父子の時代に大内氏の本拠地であったと言えるだろう。

大内と山口

義弘の時代の大内と山口について記した文献はごく少ないが、『鹿苑院西国下向記《ろくおんいんさいごくげこうき》』（以下、『下向記』と略称する）によって、この頃の大内と山口を比較することができる。『下向記』は康応元年（一三八九）、足利義満が瀬戸内海を九州方面へ遊覧した際の紀行文である。従来、『下向記』は今川了俊の著書として有名な『鹿苑院殿厳島詣記』（以下、『詣記』と略称する）に比べ、成立年代が不明確なため史料としてあまり重視されてこなかった。しかし、大内氏の領国である周防国に関する情報は、『詣記』よりもはるかに豊かである。特に、大内と山口について触れた箇所は、義弘期のこととしては他に例がないような珍しい記述である。

『下向記』中で、大内に関する記述は二か所あり、一つは、大内義弘が周防国下松《くだまつ》（都濃郡）で足利義満を迎える場面である。最初、義弘は安芸国厳島で義満を迎える予定であったが、飛脚の到来によって義満の京都出発が早まったことを知り、急遽その夜本拠地の大内を出発し、下松で義満を迎えることにしたという。

もう一つの箇所は、義満の随行者が見知らぬ法師に大内という土地について尋ね、法師が答える場面である。ここに当時の大内の特徴がよく描かれている。実は『下向記』には、『詣記』には見られないような設定が付け加えられており、義満一行が周防の海岸に停泊する場面になると、架空の人物である三十歳くらいの法師が登場し、大内氏に関する詳しい由緒を物語る。義満の随行者が、大内について、興味深い土地であると聞いているが、どこにあって、どのくらい遠いのかと法師に尋ねている場面である。法師がこれに答え、以下のように、大内という土地の立派なありさまについて語っている。

へいへい《（平々）》としたる里の侍るに、館どもあまた《（数多）》造り並べて、東西南北、一門・他門扶持人数を知らず、家居《いえい》ことがら《（事柄）》尋常なる躰也、四方大略深山にて、おのずから無双の切所《せっしょ》なり、遠近皆分国・分領也、数ケ国の集なれば、田舎ながらも興ある在所と見えたり

法師が語るには、大内には平坦な里があり、多くの館が並び、一門・他門の「扶持人《ふちにん》」（家臣）が数知らず仕えており、彼らの家の構えと人品は立派であるという。四方は深山であり、無双の要害となっている。そして、遠い所も近い所もみな大内氏の分国・分領であり、数か国の中心地なので、大内は田舎ながらも趣のある村であるように見えたという。

法師の答えから、大内の土地の特徴を窺い知ることができる。そこは「へいへいとしたる里」、「田舎ながらも興ある在所」と表現され、「里」・「田舎」・「在所」というような表現によって、大内の農村的雰囲気が強く感じられる。大内は大内氏の本拠地として都市的な性格も持ちながらも、基本的に

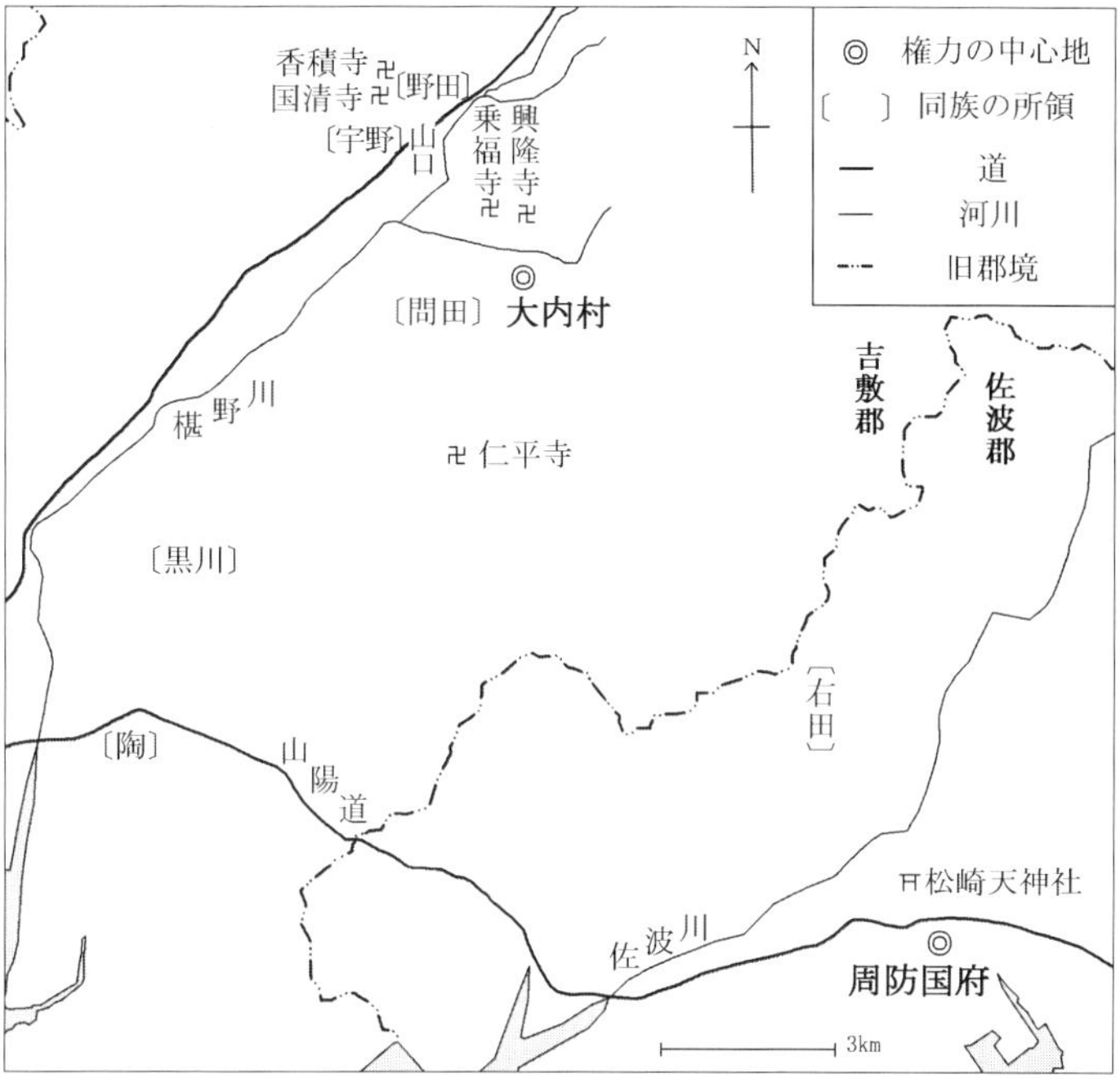
香積寺
国清寺
〔野田〕
〔宇野〕
山口
乗福寺
興隆寺
N
◎ 権力の中心地
〔　〕同族の所領
道
河川
旧郡境
〔問田〕
大内村
吉敷郡
佐波郡
椹野川
仁平寺
〔黒川〕
〔右田〕
〔陶〕
山陽道
松崎天神社
佐波川
周防国府
3km

大内氏の同族の分布図

は農村としての性格を持ち続けていたと言えるだろう。

これに対し、『下向記』中の山口に関する記述は、大内氏の祖先とともに百済から渡来した不動明王像を「この京兆《（義弘）》の山口の館の持仏堂に安置」したという箇所しか見当たらない。この記述から、義弘の「山口の館」があり、山口もまた義弘にとって重要な土地であったことを窺うことができる。

『下向記』中の大内及び山口に関する記述から、義弘の時代では大内は農村としての性格を残す大内氏の本拠地であり、山口もまた大内氏にとって何らかの意義を持った場所であったと言えるだろう。

繰り返しになるが、弘世の時代の本拠地は大内であり、そこは基本的には農村であった。つまり、都市的な発達は不充分で、領国支配の中心地としては発展途上だったと言えよう。

家臣団の再編成と山口

大内氏の同族の分布状況から見て、弘世の時代には大内の周囲を同族出身の家臣が取り巻き、守護家を支えていた。この状態を言い換えると、大内はそのような同族中心の小規模な家臣団の統制に見合った本拠地であった。ところが、義弘は満弘との内戦でそれまで家臣団を構成してきた同族を多数失い、それによって同族以外の者も新たに家臣団の中核に組み込むような体制を作る必要に迫られた。そこで、義弘は家臣団を再編成するにあたり、大内に代わる新たな本拠地を必要としたのではないだろうか。

義弘の没後八〇年以上のちの大内政弘の時代になると、山口は大内氏の本拠地として発展を遂げていた。この時代の山口の範囲は、近世の山口町の範囲から類推して、東は宮野村、西及び北は宇野令村、南は御堀村に囲まれ、現在の山口市中心部にほぼ相当するものであると考えられる。「大内氏掟書」の文明一八年（一四八六）年の法令から、当時の山口という本拠地が家臣団統制とどのように関係していたかが見えてくる。

諸人在山口衆、たとへ一日たりといへども、密々の儀をもって在宅の輩、上聞に達することあらば、その人数を注し置き、御暇《おいとま》言上の時、おのおの申し次ぐべからざるなり、これにより、重ねて内々をもって在郷せしむる族においては、永く御家人を放たるべきの由、仰せ出さるところなり

この法令によれば、大内氏は家臣を厳重に山口に集住させている。たとえ遠方に居所がある家臣であっても、山口に詰めていなければならなかった。そのような家臣は「在山口衆」と呼ばれており、無許可での「帰宅」や「他行」が許されてはいなかった。そして、もし無許可で「在郷」したりすると、「御家人」（大内氏の家臣）の身分から追放されるという厳罰が定められていたのである。

義弘の時代は、政弘の時代のように山口に家臣が集住する段階とは異なり、依然大内が本拠地として機能する一方、山口にも館があるというような段階であった。義弘は全盛期の九年間を在京しており、山口に館を構えることはできても、山口という町を整備する余裕はなかったであろう。義弘の時代は、本拠地が大内から山口へ移行するきざしが見える時期であったといえよう。

2　都市の発展

国府から府中へ

大内氏は最初は大内、次に山口を領国支配の中心とした。しかし、大内氏が周防・長門両国を支配していくためには、古代以来、国の中心地として機能していたそれぞれの国府を軽視するわけにはいかなかったであろう。

国府とは、律令制下での諸国の行政機関の所在地であり、かつ政治・経済の中心地であった。本来の国府は、国司が執務する政庁を中心として、碁盤目状の整然とした区画を持った都市であった。ところが、中世になると、諸国の国府は変貌する。国府の中枢部には、国衙（国の役所）だけでなく、留守所・在庁官人の居館も並ぶようになった。そして、中枢部の周囲には、一・二宮や国分寺といった国を鎮護する役目の寺社から成る区域や、市・津・宿と呼ばれ職人や商人などが集住する町場が形成されていく。こうして、中世の諸国では、古代の「国府」が、①中枢部、②寺社区域、③町場という三つの構成要素から成る都市に変貌を遂げ、「府中」と呼ばれるようになったのである。

大内氏領国においても、周防国府は「周防府中」、長門国府も「長門府中」と呼ばれており、中世末までには、「防府」、「長府」と呼ばれるようになった。最後に、「防府」という地名は現代の防府市に受け継がれ、「長府」という地名は、近世に長府藩の城下町の名前となり、現在も下関市内の地区名として残っている。

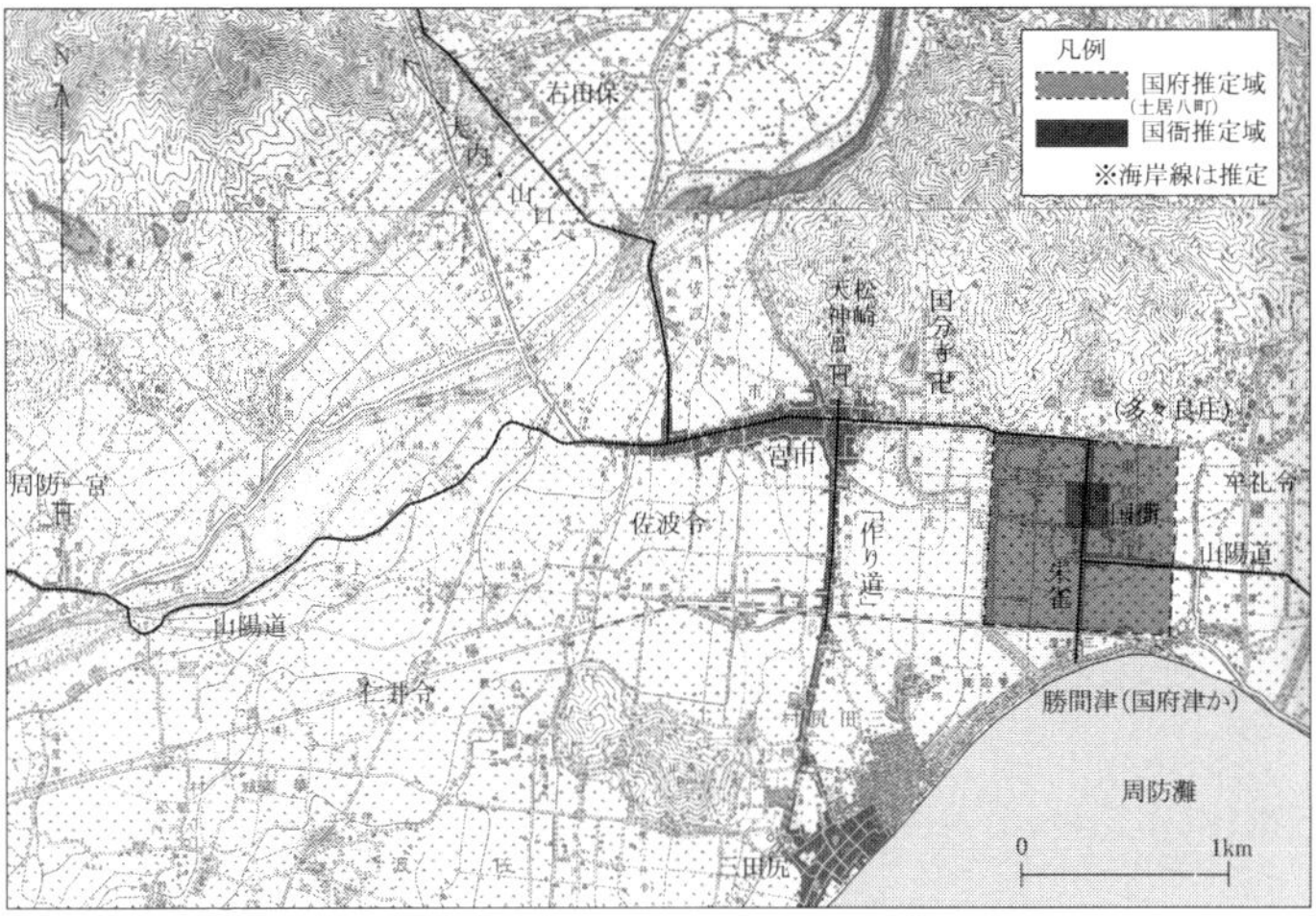

周防府中の構造

では、弘世・義弘の二代にわたり、大内氏は領国支配のため、周防・長門両国内の「府中」をどのように機能させていたのであろうか。

周防府中の中枢部

先に指摘した「府中」を構成する①中枢部、②寺社区域、③町場という三つの要素に照らしてみると、周防府中の内容はどのようになっていたのだろうか。先ず、①中枢部について見てみよう。

古代には国府の中心に二町（約二一八m）四方の国衙域があり、国衙の建物が建っていた。発掘によれば、国衙の建物は古代末期に廃れたが、国衙域の条里地割は、中世になってもよく保たれていた。諸国の国府の形態はたいてい崩れてしまったが、周防国府の景観は大内氏によって保護されており、現代に至っている。そのため、二町四方の国衙域は昭和一二年（一九三七）に貴重な遺跡として国の史跡に指定された。

中枢部である国府域は、「土居八町」と呼ばれる八町（約八五〇m）四方に及ぶ領域であり、ここは中世を通じて奈良の東大寺領であった。鎌倉時代以来、周防国は一貫して東大寺造営料国とされており、大内氏は在庁官人から守護に成長したのちも、東大寺に周防国内に「土居八町」とわずかな国衙領を認めていた。

義弘は鎌倉時代以来の伝統を尊重し、応永六年（一三九九）、東大寺に「土居八町」及び国衙領の支配権を保証した。義弘以降の大内氏当主も保証の内容を守り続け、大内政弘は、文明一一年（一四七九）の文書で、その内容を以下のように五か条にわたり再確認している（東大寺宝庫文書七四・二・一、『防府市史』史料Ⅰ）。

（第一条）軽微な犯罪の場合、東大寺の警察権を保証する。（第二条）「土居八町」域の「守護使不入」を守る。（第三条）国衙領の正税《しょうぜい》（年貢）の納入を怠るような大内氏家臣がいた場合、国衙領内に持つ権利を放棄させる。（第四条）東大寺に仕える者が大内氏の家臣と称して諸税を怠れば改易させる。（第五条）国衙領の人夫について、食糧を支給したり、雇用したりすることを禁止する。

おそらく義弘は、同年に幕府への反乱を準備するにあたり、中央の大寺社を味方に付ける戦略の一環として東大寺を優遇したのであろう。しかし、義弘がこのような保証をしたおかげで、領国内有数の都市の中心に東大寺の所領があるという一見奇妙な状態が、中世を通じて継続することになったのである。

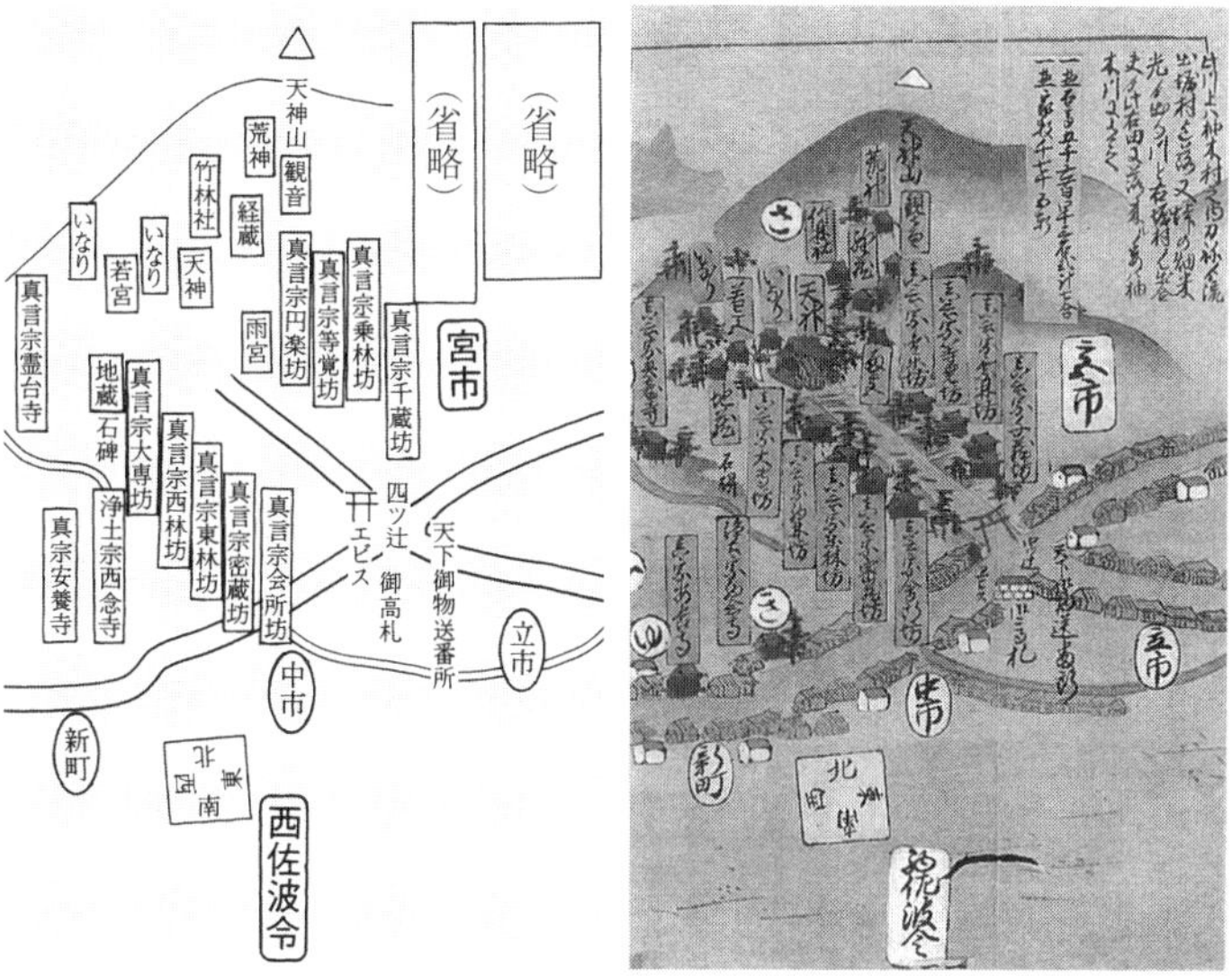

「御国廻御行程記」防府天満宮（右）・同トレース図（左）

周防府中の寺社区域と町場

義弘の時代、周防府中の寺社区域の中心は松崎天神社（現在の防府天満宮）であった。ただし、鎌倉時代から南北朝時代にかけて、周防国を代表する神社の地位は変化していた。鎌倉時代初期に、東大寺から周防支配を任された重源上人は、周防一宮である玉祖《たまのおや》神社と松崎天神社をともに重視し、社殿の造営を遂げている。しかし、大内弘世は周防国を代表する神社として周防一宮ではなく、松崎天神社の方を崇敬していた。それゆえ、弘世は松崎天神社の維持のため家臣団をも動員しており、貞治四年（一三六五）（『注進案』一〇―三八四番）及び永和元年（一三七五）（『注進案』一〇―三八三番）に松崎天神社の社殿の造営を行った際、その棟札には多数の大内氏家臣が「結縁衆」

として名を連ねている。

義弘の時代、周防府中の町場の中心は松崎天神社の門前の宮市《みやいち》であった。松崎天神社が周防国を代表する神社とされるのにともない、周防府中の経済的中心も「土居八町」の外側に移動した。宮市の史料上の初見は応永九年（一四〇二）であるが（防府天満宮文書一三、『県史』史料中世2）、大内盛見から松崎天神社への寄進状にその地名が挙がっており、義弘の時代にも宮市が存在していたと思われる。さらに、鎌倉末期の絵巻物である「松崎天神縁起」には、鳥居前に民家が並んでいる様子が描かれており、これは大内氏が守護となる以前、すでに天神社の門前に集落が形成されていたということであろう。

もともと宮市は、東西に走る山陽道に沿って形成された町場であるが、新たな道を開いてさらに流通の機能を高めていった。今川了俊の『道ゆきぶり』には、応安四年（一三七一）、周防府中の北にある山（酒垂山《さかたりやま》）の中腹に南向きで天神の御社が建っており、そこから眺めると海岸線が見えたというような記述がある。また、門前の「作道《つくりみち》」は二十余町（二キロメートル）ばかりとあるが、「作道」は、天神社と宮市を南北につなぐ参道が、三田尻の港まで延長されたもので、宮市を瀬戸内海に直結させる機能を果たしていたと考えられる。このように、義弘の時代には、宮市は山陽道と瀬戸内海の両方にアクセスする交通の要衝になっていたのである。

流通の拠点となっていた宮市には、周防国合物《あいもの》商人の「長職《おさ》」を持つ有力な商人がいた。その末裔の兄部《こうべ》家には「兄部文書」が伝来しており、元応元年（一三一九）の年号のある文書が含まれている

（兄部家文書一、『県史』史料中世２）。

この文書について、鎌倉時代の年号を持つ点は検討を要するが、その内容には注目すべきところがある。この文書は、「五郎太郎」という商人に「周防国合物《あいもの》売商人等長職《おさしき》」を補任すること、そして、東は富田市、西は賀河《（吉敷郡）》、北は大内ならびに得地市《（佐波郡）》を範囲として、「合物商人」が長《おさ》の成敗に従って売買をすることを定めている。「合物」とは塩魚類の総称を指す。袖判が抹消されており、誰が長職の補任の主体であるかは不明である。合物商人の長の管轄範囲の北限が山口ではなく大内とされていることから、この文書は、大内氏の本拠が大内にあった時代、すなわち義弘以前の時代の「合物商人」の活動範囲を示していると思われる。

また、「兄部文書」の別の文書に、義弘が戦死した五年後の応永一一年（一四〇四）の年号を持つ「大内氏奉行人連署奉書案」（兄部家文書二、『県史』史料中世２）がある。これによれば、「合物商人方」の長は弥五郎大夫重守という人物で、合物商人の扱う品目は、大内氏から「魚塩」（魚の干物）、「足鍋」（足の付いた鍋）、「大小斗升はかり《（秤）》物」、「あを《（青）》物」、「色々海之売物」、「竹さいく《（細工）》売物」と定められており、食料品（海産物・野菜）、道具類（鍋・竹細工）、計量器（升・秤）というように広範囲にわたっている。

これらの文書から、義弘の時代の宮市は、すでに生活必需品を商う様々な商人の活動拠点であり、合物商人の長が統轄する、周防国内商業の要であったことがわかる。

義弘ののちも、大内氏は代々宮市の商業を重視している。明応五年（一四九六）、大内氏は宮市に対して「十月会町法度」（「大内氏掟書」）を下し、松崎天神社の十月会《じゅうがつえ》という祭礼の日に出店する商人を統制した。この法度では「押買《おしかい》」や「公方買《くぼうがい》」と呼ばれる違法行為、及び悪銭を受け付けないような売買が禁止されている。また、大永四年（一五二四）、大内氏は松崎天神社の社坊（神社に仕える僧の住坊）の代表である大専坊に対し、宮市の市目代《いちもくだい》の補任権及び津料《つりょう》の得分権を与えている（防府天満宮文書二二一・三九、『県史』史料中世2）。市目代とは市を取り締まる役職で、その補任権は市を統制するうえで重要であり、津料の得分権は商品の流通に課する一種の関税を徴収する権限である。大専坊は、これら二つの権限が生み出す収益によって富裕になったと思われる。そして、義弘の時代にも、松崎天神社は宮市の商業活動に何らかの影響力を持っていたと思われるが、詳しいことは不明である。

長門府中の構造

大内氏のもう一つの領国である長門国に話を移そう。

中世の長門国でも建武二年（一三三五）までに「国府」のあたりが「府中」と呼ばれるようになった。長門府中（以下、「府中」と略称する）は、在庁官人出身の武久氏などの有力住民が、長門国一宮・二宮両社を支え、両者が一体となって地域の秩序を保っていた。このような府中の在地勢力を懐柔するため、大内氏は弘世・義弘二代にわたり、一宮・二宮両社の建物の造営に力を注いだ。

義弘の時代、長門国衙は長門二宮である忌宮《いみのみや》神社の境内に取り込まれており、すでにその痕跡は消滅してしまっている。忌宮神社は、国司から守護へと支配者が変遷する府中の変化に対応し、守護から所領安堵を獲得する目的で、「忌宮神社境内絵図」（『県史』史料中世1付録。以下、「境内絵図」と略

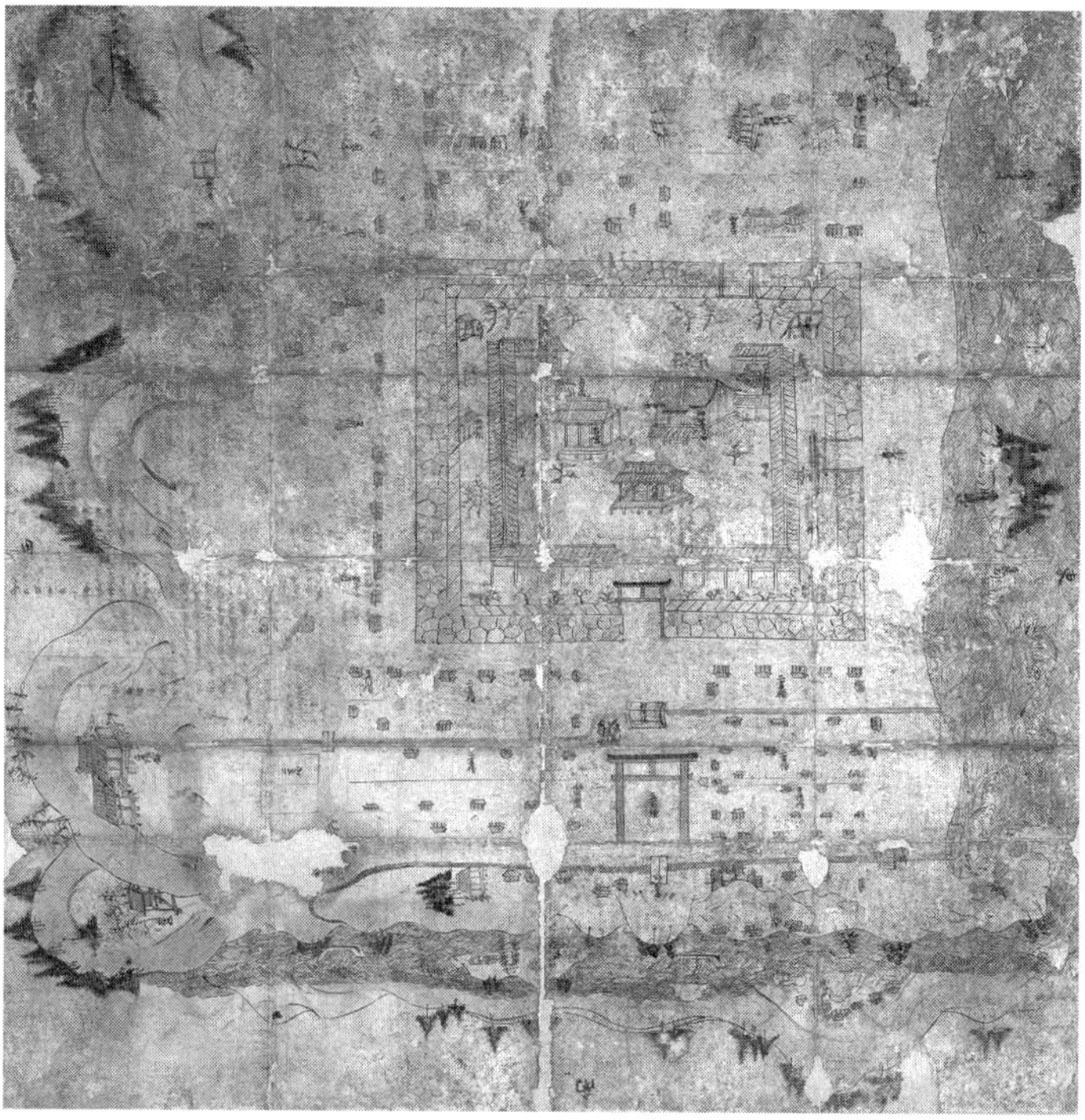

忌宮神社境内絵図

称する）を作成した（山村亜希「描かれた中世都市——『忌宮神社境内絵図』と長門国府——」）。この「境内絵図」に描かれた施設の配置から、南北朝時代の府中の町の構造をうかがうことができる。

先ず忌宮神社の境内に注目すると、その中心に位置するのは「神功皇后」という社殿であり、この神社の主祭神が神功皇后《じんぐうこうごう》（仲哀天皇妃）であることがわかる。忌宮神社は、『日本書紀』によれば熊襲《くまそ》攻めの際に急死した仲哀天皇を祀る神社であったが、絵図中には天皇の社殿は見当たらない。

次に、忌宮神社を中心としてその周囲にある施設を見ていこう。北側に隣接して「国分寺」と「守護代所」がある。さらに「国分寺」の西方には「四王寺」がある。筑前大宰府と同様に、この寺にも四天王が祀られ、国府の鎮護とされたのであろう。南方向には「下山西福寺《さがりやま》」がある。西南方には「守護館」があり、その裏山には「惣社《そうじゃ》」がある。「惣社」とは、諸国の国司が、国の鎮護のため、国内神祇を国府内に一括して祀った神社である。

最後に、絵図の周辺部に目を移すと、北端の山陽道が周防方面から長門府中に入って来る辺りに「厳島社」がある。南東端には、府中の外港である「串崎」があり、東端の海には、神宮皇后の新羅征討説話に登場する「興津嶋満珠《おいつまんじゅ》」と「平津嶋乾珠《へいつかんじゅ》」の二島が見える。

南北朝時代の長門府中においては、もはや国衙関係の施設は存在せず、忌宮神社の周囲には新たな支配権力の拠点である「守護館」及び「守護代所」が設置されていた。ただし、この「守護」が厚東氏を指すのか大内氏を指すのかは不明である。そして、古代以来長門国を鎮護してきた「国分寺」・「四王寺」・「惣社」の方は、南北朝時代にも重要な宗教施設とされていたのである。

以上のことから、長門府中では、周防府中のように中枢部・寺社区域・町場というようなエリアが分かれているのではなく、忌宮神社を中心として、守護権力に関わる「俗」の拠点と長門国を鎮護する「聖」の拠点が混ざって配置されていたのである。それとともに、府中は神宮皇后の新羅征討説話に彩られた町であることがうかがえる。

最後に、「境内絵図」に描かれた府中の周囲の山地について、少し触れておきたい。「四王寺」のある山には、延文四年（一三五九）に厚東氏の残党が立て籠もった。また、「下山西福寺」のある「下山」には、府中の重要な戦略的拠点である「下山城《さがりやま》」（盛山城、栄山城とも記される）があり、康暦二年（一三八〇）、義弘は年に二回も（五月と一〇月）、この城に立て籠もった敵軍を排除しなければならなかった（『花営三代記』、前出及び『閥閲録』三、周布吉兵衛）。これらの山城は、敵が立て籠もると府中を守る大内氏にとって脅威となったからである。寺院が立っていた山地も、南北朝時代の府中の防衛に密接に関わっていたのである。

長門府中の支配

義弘が初めて長門府中に入ったのは永和元年（一三七五）三月二一日であり、この時、長門国一宮・二宮両社に参詣している（「長門国守護職次第」、前出）。当時、長門国では周防国と異なり、国を代表する神社は一宮・二宮両社であった。それゆえこの参詣は、義弘が長門の支配者であることを宣言した行為であると言えよう。しかし、父弘世はすんなりと義弘に長門の支配権を移譲しなかった。

弘世は貞治二年（一三六三）に幕府から長門守護に補任される以前の延文四年（一三五九）、二宮領百姓に「犬懸以下細々公事」を免除している（忌宮神社文書一二、『県史』史料中世4）。また、永和四年（一三七八）、二宮に対し高麗渡水手《かこ》という課役を免除している（忌宮神社文書二三四、『県史』史料中世4）。このことから、弘世がそのような課役を長門国の住人に賦課できる権限を持つ一方、長門一宮・二宮両社を崇敬し、課役の面で優遇していたことがわかる。そして、朝鮮への物資運搬のための諸課役の存在から、長門国を朝鮮との交易の前進基地としていたこともうかがえる。

義弘の長門支配を史料上確認できるのは康暦元年（一三七九）になってからであり、同年一一月、義弘は忌宮神社の大宮司に対し大宮司職を安堵した（忌宮神社文書一二〇、『県史』史料中世4）。大宮司職の安堵は、翌年に満弘との家督争いに臨むにあたって、義弘が忌宮神社に自分の権威を示し、長門国の支配者であることを再度宣言する意味合いがあった。

3　交通の発展

周防・長門の交通体系

大内義弘の時代、その中心的領国である周防・長門両国にはどのような街道が通じ、港が分布していたのだろうか。

交通路についてわかる史料で義弘と同時代のものには、今川了俊による紀行文の『道ゆきぶり』、及び『鹿苑院殿厳島詣記』がある。『道ゆきぶり』は、九州探題を命じられた了俊が、応安四年（一三七一）に京都から九州に至るまでの行程を、陸路を中心に記したものである。『鹿苑院殿厳島詣記』

は、康応元年（一三八九）に足利義満が瀬戸内海を遊覧した際、同行した了俊が主として海路による京都への往復の行程を綴ったものである。また、義弘の時代よりも年代の下る室町時代の史料には、兵庫北関に入港した船の本拠地を記録した文安二（一四四五）年の『兵庫北関入船納帳《ひょうごきたせきにゅうせんのうちょう》』がある。さらに、朝鮮王朝の記録では、一四二〇年に日本への使者が京都との往復の際に記した紀行文である『老松堂日本行録《ろうしょうどうにほんこうろく》』、及び一四七一年に編纂された地理書である『海東諸国紀《かいとうしょこくき》』がある。

　これらの史料をもとにして、室町時代の周防・長門の交通路を復元してみよう。

　周防・長門両国の最も重要な陸路は山陽道である。周防国の山陽道の東端は玖珂郡の伊賀地（伊陸）である。そこから山陽道は同郡の高森を通り、熊毛郡の海老坂（呼坂）を越え、都濃郡の富田《とんだ》を経て佐波郡の府中（防府）に至る。その先は吉敷郡の香川（嘉川）である。ここから山陽道は西の長門国へ向かうが、長門国厚狭《あさ》郡の埴生《はぶ》までは二つのルートに分かれていた。一方は海沿いに埴生に出る道である。他方は内陸を回って厚狭郡の甲山《こうやま》（河山）を通り、同郡の船木を経て埴生に出る山道であり、了俊はこちらのルートを通った。埴生からは豊浦郡の府中（長府）を経て赤間関に至る。

　瀬戸内の海路について、港の名がわかるものは、周防国では東から、神代《こうじろ》、大畠、楊井《（柳井）》、上関、室積《むろづみ》、下松、野上、富田、三田尻であり、長門国では赤間関である。

　今川了俊は山陽道を通り、義満は沿岸を航行し、周防国を行き来した。ちょうどその頃、了俊や義満からは見えなかった周防国の内陸に、山口を中心とした新たな交通網ができようとしていた。義弘の時代以降、山口と遠方の支配地域が五方向の道で結ばれるようになる。①南東方向へ、大内を通り

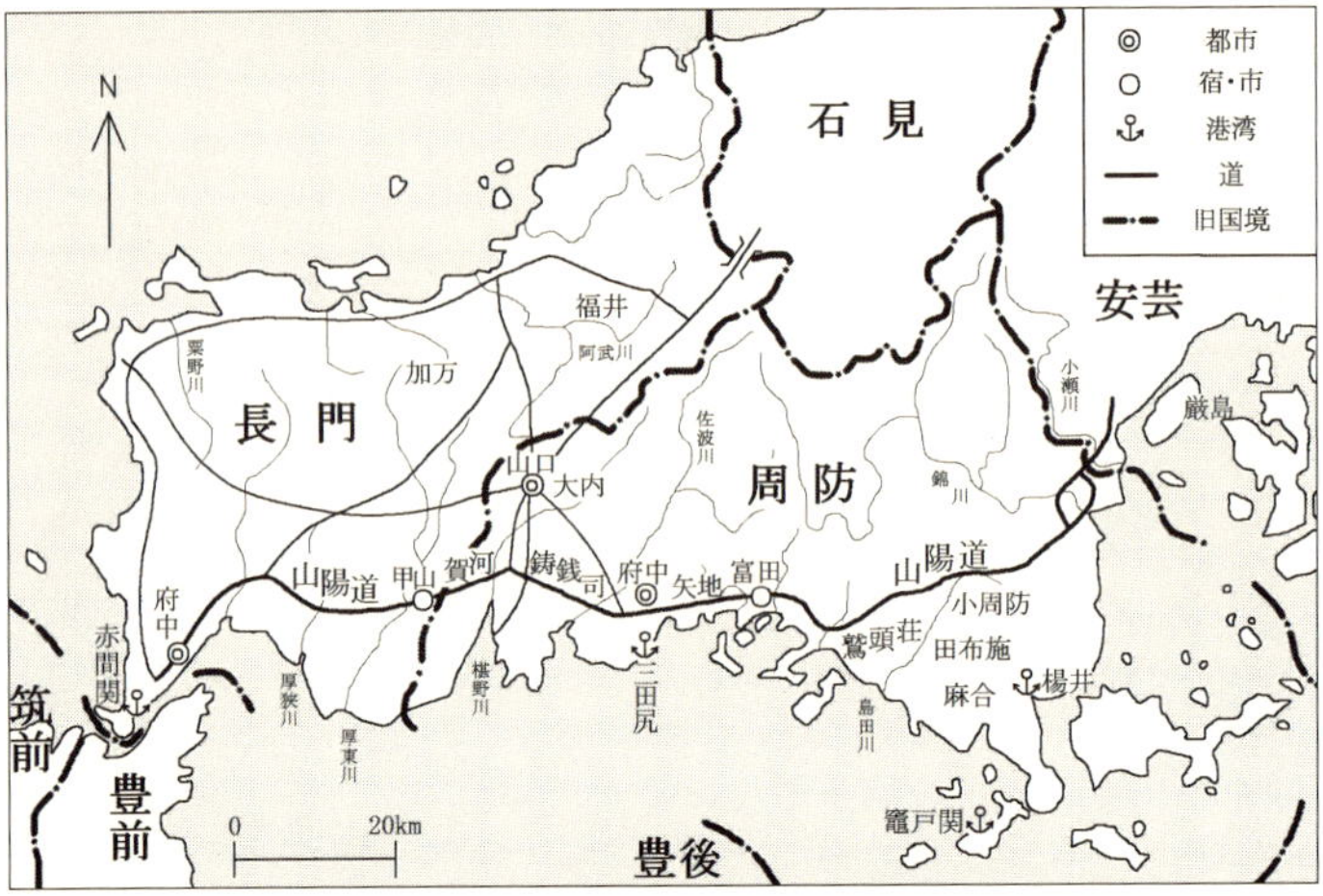

周防・長門の交通路及び善福寺末寺分布図

周防府中へ向かう道。これは大内氏の本拠地（大内・山口）とかつての周防国の中心地（国府）を結ぶ道である。②東北方向へ、近世の石州街道に相当する道。この道は、長門国阿武郡を経て石見国へ向かい、大内氏の石見支配を支えた。③北方へ、近世の「萩往還《はぎおうかん》」にあたる日本海側へ向かう道。残念ながら室町時代の史料では日本海側への交通路はわからないが、朝鮮出兵時の記録である『九州道の記』や『朝鮮陣留書』によってルートを類推することができる。④北西方向へ、近世の「肥《ひ》中《じゅう》道」にあたる道。これはのちに大内義隆が長門国大寧寺《たいねいじ》（長門市）に落ちていく際に利用した。⑤南西方向へ、椹野《ふしの》川の舟運を利用するルート。これは、小郡《おごおり》津（山口市）で山陽道及び瀬戸内海につながっており、年貢米などの物資を山口へ集積するために重要であった。

市の開設

周防・長門両国内に交通路が整備されると、物資の流れも盛んになり、「市」が開かれるようになった。

大内弘世から義弘の時代にかけて、周防国の宮市のような古くからの市のほか、領国内に新たな市が整備された。弘世は永和四年（一三七八）、伊豆の浪人伊藤彦四郎の申請により、周防国と長門国の境に「河山《こうやま》新宿」（宇部市）を開設することを認めた。同時に「宿」に「市」を附設することを許可し、彦四郎を「市目代《いちもくだい》」に任命した。次いで、義弘は永徳元年（一三八一）に「河山新宿」の境界を定めた（『注進案』一五）。なお、「河山」は室町時代を通じて「甲山」と書かれることがある。

「河山新宿」の事例に見られるように、弘世から義弘の時代にかけて、大内氏のもとで周防・長門両国の平和が確立されて流通経済が発達し始めると、山陽道沿いの「宿」に「市」が開設されていったのであろう（歴史の道調査報告書『山陽道』）。そして、大内氏は市を開いた人間を「市目代」に任命し、彼を代官として、市の課税と管理を委ねたのである。

時衆寺院と交通

室町時代の周防・長門両国内では、交通の要衝に「宿」が形成され、宿泊や物資の中継のための機能を果たしていた。そして、これらの「宿」の中には時衆寺院が密接に関わっていたものがあった。

「時衆」は鎌倉新仏教の一派であり、一遍上人を開祖とし、踊念仏により特に民衆の支持を集めた。大内氏領国内では、盛見の時代までに、山口善福寺が周防・長門両国内の時衆の本寺として多数の末寺を抱えるようになっており、永享一一年（一四三九）の「善福寺末寺注文」（『閥閲録』四、「防長寺社

善福寺末寺一覧表

記載内容				著者の所見	
所属国	所在地	末寺名	願主	立地の特徴	願主の特徴
周防国	苻中朱雀	長福寺	眼代(玉祐)	周防国府域	東大寺僧
	三田尻	勝福寺	杉豊後守重運	港湾	大内氏家臣
	賀河(嘉川)	福明寺	江口隼人入道慈源	山陽道沿い	
	矢地(夜市)	欣浄寺		山陽道沿い	
	富田	勝栄寺	陶越前入道道栄(弘政)	陶氏所領 港湾/市	大内氏家臣
	小周防	弘願寺	内藤遠江入道智陽	山陽道から竈戸関へ通じる交通路沿い	大内氏家臣
	田布施	常光寺	行阿		
	麻合(麻郷)	西方寺	奈良修理亮頼重		大内氏家臣
	楊井(柳井)	東善寺		港湾	
	竈戸関(上関)	神護寺	宇野式部丞	港湾	大内氏家臣
	鋳銭司	西円寺		山陽道沿い	
長門国	加万(嘉万)	西光寺	河越安芸守長重		
	甲山	勝蓮寺	法舜	宿/市	
	福井	福厳寺			

注:(　)内は現在の地名である。

証文」善福寺。以下、「末寺注文」と略称する）から末寺の様子がうかがえる。

「末寺注文」には、善福寺末寺の所在地と「願主」が記されている。所在地から判断すると、善福寺末寺は主として街道筋の宿《しゅく》や市《いち》、あるいは港湾など、交通の要衝に立地しており（前田博司「「道場」地名と時宗寺院の盛衰」）、特に山陽道沿いに分布していた。そうすると、これら末寺の機能は旅行者を宿泊させたり、念仏信仰により民衆を市に引き寄せたりすることであったと想定できる。

「願主」はその寺院の創建に協力した地元有力者のことであるが、その中で、宇野式部丞（竈戸関の神護寺）と陶越前入道道栄（弘政）（富田の勝栄寺）は大内弘世の家臣、杉豊後守重運（三田尻の勝福寺）は義弘の家臣、奈良修理亮頼重（麻合（麻郷）西方寺）は盛見の家臣である。おそらく「願主」となる地元有力者は、一四世紀の弘世―義弘―盛見の三代の間に活躍した大内氏の家臣が多くを占めていたのであろう。

領国内に散らばる善福寺の末寺を直接後援していたのが大内氏の家臣たちであることから、結果として、大内氏は周防・長門両国内の時衆寺院のネットワークによって、領国内のヒトとモノの流れを活性化させていたと言えるのではないだろうか。

富田と勝栄寺

時衆寺院が大内氏領国内の交通と深く結びついていることを見てきた。その中で特に興味深いのが周防国富田《とんだ》の勝栄寺である。先に触れたように、大内弘世の家臣である陶弘政が「願主」であることから、勝栄寺の創建は義弘の時代に遡るであろう。

江戸時代の絵図である「御国廻御行程記《おくにまわりおんこうていき》」（山口県文書館編集・発行『絵図で見る防長の町と村』）に描

勝栄寺土塁及び濠跡
（歩道に描かれた渦巻き模様（観世水文様）が濠跡）

かれた近世の富田の町の景観から、中世の勝栄寺の立地条件を窺うことができる。これによれば、富田津の手前に「古市」という地名があり、その街区の一郭に勝栄寺があった。富田は陸海の交通の要衝であり、特に瀬戸内海に面する港湾は「富田津」と呼ばれた。「古市」は中世において富田保の年貢の集積地かつ市場として栄えたと思われ、そこに所在した勝栄寺は一種の宿駅として機能していたのであろう。

　また、勝栄寺は軍勢の宿営地としても活用されていた。時代は下るが、弘治三年（一五五七）、毛利元就は本拠の安芸国から富田に進駐し、勝栄寺を本陣とした。また、永禄年間にも元就は九州への往復のため、勝栄寺に在陣している（『閥閲録』四、「寺社証文」建咲院の由緒書）。これらの事例から、勝栄寺は山陽道に近く、毛利軍にとって移動の際の宿営地として便利であったことがわかる。

　勝栄寺の旧境内を発掘調査した結果、この寺は裾の幅七～九メートル、高さ約二・五メートルの土塁で囲まれ、その外側に幅約六メートル、深さ約一・六メートルの濠が巡らされていたことが確認されている（新南陽市埋蔵文化財調査報告一『勝栄寺』）。土塁と濠に囲まれた寺院は県下でも珍しく、勝栄寺土塁及び旧境内は山口県指定史跡になっている。環濠はすでに埋もれているが、土塁の一部は現存している。『寺社由来』に掲載された近世の挿図（『寺社由来』七　徳山領富田村勝栄寺）に描かれているように、中世の勝栄寺は土塁と濠に囲まれていたことが想定できる（百田昌夫「周防富田道場勝栄寺の寺史と土塁のこと」）。このことから、勝栄寺は山陽道に近いという交通の利便性とともに、土塁と濠によって守られており、軍勢の宿営に好適地であったといえよう。

さらに、勝栄寺の特徴から類推すると、他の善福寺末寺もまたそれぞれ交通の要衝に立地しており、平時は旅行者、戦時は軍勢を駐屯させる機能を果たしていたのではないだろうか。

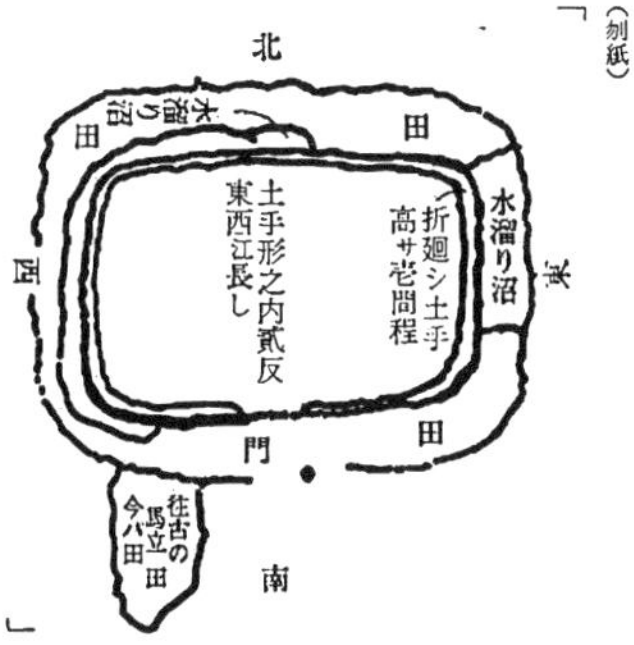

勝栄寺の堀と土塁

陸上交通路に比べ、義弘の時代の港湾についてはあまり明らかではない。

港湾としての岩国

近年、中国地方の瀬戸内海側、日本海側それぞれの地域で、南北朝時代まで溯る港湾の遺跡の発掘調査が進んでおり、重要な知見がもたらされている。

ここで、瀬戸内海側の遺跡として山口県岩国市内にある「中津居館跡《なかづきょかんあと》」に注目したい。この遺跡は二〇〇八年度から発掘調査が開始され、出土遺物や遺構から、館の築造が一四世紀前半に遡ることが明らかにされている（岩国市教育委員会

中津居館跡（北西からの眺め）

『中津居館跡（旧加陽和泉守居館跡）』）。この遺跡は土塁に囲まれており、土塁を含めた居館の面積は大内氏館跡（山口市）に匹敵する。全国の発掘事例から、この居館のように一辺一〇〇mを越えるような館は、室町時代よりも早い時期に建てられたものとされ、しかもこの居館は柱穴の年代からみて、一四世紀前半以前の建造である。また、遺跡から一括して廃棄された土師器が出土しており、その年代も建物の築造年代に合致している。そのうえ、二万枚の中国銭が備前焼の甕《かめ》に納められた状態で出土しているが、この甕も一四世紀前半頃に作成されたものである。

実は、この館は錦川河口の三角州の先端近くという、洪水に見舞われやすい場所に立地している。また、地盤もゆるく、柱の底に石を据えて柱の沈下を防いでいる。なぜこのような悪い条件の土地にこの館が建てられているかと言えば、この土地が瀬戸内海と内陸を結ぶ商業・流通の拠点であったからであろう。それほど、交通の要衝であることが立地の重要な要素だったのである。

中津居館の主は、岩国一帯の領主であった弘中氏の可能性が高いと言われている。弘中氏はのちに大内氏の有力家臣となり、警固衆《けごしゅう》を率いている。中津居館から見て錦川の対岸は、鎌倉末期、横山（岩国市横山）という大内氏の先祖（大内介）の所領であり、大内義弘の祖父である弘幸も、ここに永《よう》興寺《こうじ》という菩提寺を建立している。

もし、「中津居館」の主が弘中氏であるならば、大内氏と弘中氏それぞれの勢力圏は、錦川をはさんで向かいあっていたことになる。康暦二年（一三八〇）、義弘が満弘と合戦を行った際、弘中氏と見られる「頭《(弘カ)》中三河守」が満弘方で戦死しているが、そうすると、満弘の家臣団に弘中氏が含まれていたことになり、大内氏はこの時すでに弘中氏を家臣に取り込んでいたと言えるだろう。大内氏は、弘中氏のような港湾の支配者を家臣にすることによって、領国内の港湾を商業・流通支配の拠点として活用していたと推察できるのである。

第五章　支配領域の拡大

1　石見国への進出

大内弘世は、貞治二年（一三六三）に幕府から周防・長門両国の守護に補任され、東は石見・安芸、西は関門海峡の対岸の北部九州へと進出して行くための足場を固めることができた。そして、ほどなく弘世は貞治五年（一三六六）に幕府から石見の守護に補任された。南朝方から寝返ったばかりの大内氏を隣国の守護にするのは一見軽率なようであるが、幕府は足利直冬の勢力圏である山陰地方の安定をはかるため、即戦力として弘世に期待したのであろう。

弘世と石見国人

また、幕府は山名氏をけん制するためにも、弘世を石見守護にしたのではないだろうか。直冬の勢力が衰えたのち、山陰地方に広く勢力を持ったのは山名氏であった。幕府はいったん足利一門の荒川《あらかわ》詮頼《あきより》を石見守護にしたが、石見一国だけしか持っていない荒川氏では、強大な山名氏に対抗できないと判断し、荒川氏から大内氏に石見守護を交代させたようである。

南北朝時代の石見国では、益田氏、周布《すう》氏、三隅氏、福屋氏などの同族同士が対抗関係にあった。彼らは当時「国人《こくじん》」と呼ばれた地方豪族で、益田氏は最も有力な国人であった。益田氏は惣領として同族の上に立とうとするが、同族たちは益田氏の統率に従わず、幕府に対する軍役・公事の負担を怠りがちであった。益田氏は大内氏以前の守護である上野頼兼、荒川詮頼、山名時義に対して軍事的に協力し、その功績により幕府から本領安堵を認められた。益田氏は、石見国在庁官人であった御神本《みかもと》氏という共通の先祖から一門が分かれたと主張しており、御神本氏の惣領として石見国内の主導権を握ろうとしていた。

応安四年（一三七一）、弘世は益田氏の本領である益田荘に対して「守護使不入」を認め、使節遵《しせつじゅん》行権《ぎょうけん》を行使しなかった。鎌倉時代の守護に検断権（警察権）のみが与えられていたのと異なり、南北朝時代の守護は幕府から使節遵行権を与えられており、それによって国内の荘園や武士の所領に介入することができた。そのようななかで、使節遵行権を行使せず「守護使不入」を認めるということは、益田氏に対する大きな譲歩であったといえよう。しかし、その行為は益田氏の本領の支配を幕府にも積極的に認めさせる狙いがあったからだと言われている。つまり、弘世は本領を支配できるように体裁を整えてやることによって益田氏に恩を売り、益田氏を自己の石見国支配のパートナーにしようとはかったのである。あわせて弘世は、石見から安芸に進出するための尖兵としても益田氏を利用しようとした。

ところが、弘世の石見守護は一〇年間ほどしか続かなかった。永和二年（一三七六）、弘世は幕府から反逆者と見なされて守護職を解任されてしまったのである。息子の義弘は永和元年（一三七五）の「水島の陣」で九州探題の今川了俊の窮地を救ったが、弘世は九州出兵を拒否し、幕府の命令に逆らった。そのうえ弘世は、応安七年（一三七四）七月頃から、管轄下にない隣国の安芸に繰り返し進攻した。そのため、幕府から「南朝方」と見なされて反逆者というレッテルを貼られたらしい。それでも、弘世が周防・長門両国の守護職まで取り上げられることがなかったのは、息子義弘の功績に免じてのことであったのだろう。石見守護の後任には、再び荒川氏（詮頼か）が就任した。

なお、弘世は康暦元年（一三七九）の政変によって再び同国守護に任じられた。しかし、弘世はその翌年の康暦二年（一三八〇）一一月一五日に死去したので、その後任に義弘が補任されることとなった。

義弘と満弘

父弘世は益田氏と関係が良好であったが、義弘は最初は益田氏と対立する側の周布氏や三隅氏を支援していた。康暦二年（一三八〇）八月、義弘は家臣の陶弘宣《すえひろのぶ》・杉重運《すぎじゅううん》を石見国に派遣し、周布兼氏が送った息子兼仲とともに益田氏を攻撃させた。同年八月下旬、大内軍は益田近辺まで攻め寄せ、九月上旬には義弘の重臣の右田弘直が率いる別働隊も到着し、周布勢の到着を待った。義弘はこの頃、周布氏にその本領である周布郷の「守護使不入」の特権を与えている。これはかつて弘世が益田氏の本領に「守護使不入」を認めたのと同じ行為であり、周布氏を益田氏攻撃に協力させるための見返りであろう。

康暦二年（一三八〇）に弘世が死去した直後の石見国人の勢力分布は、周布・三隅両氏が義弘方、益田・福屋両氏が義弘の弟である満弘方となっていた。益田氏が満弘方と結んだ背景には、益田氏と周布・三隅両氏の間の所領をめぐる紛争や、石見国内の国人同士の主導権争いがあった。義弘は益田祥兼《（兼見）》の本領に「守護使不入」の特権を与えて味方に付けようとしたが、この時は益田氏の取り込みに失敗した。そこで、義弘はしばらく三隅・周布両氏と同盟を続けることにした。これに対し、満弘もまた父弘世から石見守護の権能を受け継いでおり、益田氏は義弘方ではなく満弘方に付いた。石見国人たちは、互いに主導権争いをしており、義弘方、または満弘方のいずれかに属することなしには、自己の支配領域を維持することは困難であった。

やがて、義弘は敵対勢力に対する攻勢を強め、石見国の平定は近づいた。康暦二年（一三八〇）一〇月、義弘は長門国の下山《さがりやま》城を陥落させ、満弘方の重要拠点の一つをつぶし、そこから、同国阿武《あぶ》郡内を制圧したあと、益田へ進攻した（『閥閲録』三、周布吉兵衛）。翌永徳元年（一三八一）になると、三月に福屋氏との間で和平交渉を進め、そして、ついに七月までに満弘との和睦に成功した（禰寝文書、『南九』五六六七）。

義弘の守護権

永徳元年（一三八一）に満弘と和睦した義弘であるが、このあと至徳二年（一三八五）頃まで、弟である満弘や弘茂に守護の権能を代行させていた。最初、義弘は家臣の右田弘直を守護代として現地に派遣していたが、石見の国人たちを臣従させるためには、家臣を代官とするだけでは不十分で、弟たちのような身内の者が現地に赴く必要があったのだろう。

義弘と満弘の和睦の条件は、義弘が大内氏の惣領となり、満弘は石見守護職を保持することを認め合うものであったと言われている。これは時代が下るが、盛見が戦死したのち幕府が義弘の遺児二人に領国支配を分配する際、持世を惣領と定め、弟の持盛に長門守護職などを与えたことに似た措置であろう。

大内氏の兄弟で行う石見支配は、満弘が守護として国人の要求を取り上げ、義弘がそれらの要求を幕府に上申するという役割分担で成り立っていた。このような兄弟の協力関係が功を奏し、永徳三年（一三八三）二月一五日、大内氏は益田氏の本領安堵を幕府に認めさせることに成功した（大日古『益田家文書』一―一〇）。本領安堵を勝ち取るにあたっては、義弘の側近である森入道良智と、在京代官である平井道助による連携もうまく機能した。これにより益田氏は、惣領家として福屋、周布、三隅などの同族の上位に立つことができるようになった。ここに、義弘は益田氏を石見国人の第一人者として認め、益田氏は義弘を守護として奉じる体制が確立した。こうして、義弘と益田氏の敵対関係も解消されたのである。

至徳二年（一三八五）になると、今度は義弘の別の弟である弘茂が、七月から一〇月という短期間だけ石見守護になった。弘茂は在任中、国人たちの所領に対して「安堵」と「預置」の行為を行っている。義弘は生前に弘茂を自分の後継者として指名しており、弘茂は義弘の最も重用する弟であったようだ。弘茂の守護代は、引き続き右田弘直であった。

しかし、義弘は和睦後であっても直接満弘に命令できたわけではなく、益田氏を介してでなければ満弘を動かすことができなかった。益田氏は義弘と和睦した後も、依然として満弘の後見役を務めていたようである。応永四年（一三九七）、足利義満から九州の少弐・菊池両氏を討伐するよう命じられた際、義弘は京都から益田兼顕に書状を送り、自分の代理で九州に出兵するよう満弘を説得する依頼をしている（大日古『益田家文書』一―六八）。その結果、満弘は義弘の別の弟である盛見とともに九州に出兵した。

義弘は益田氏と信頼関係を築くのに遠回りをし、石見国支配に苦労した。それでも、至徳二年（一三八五）頃には、支配体制が安定してきたと考えられ、義弘はもはや弟に守護権を代行させることはなくなり、現地のことは以前からの守護代である右田弘直に任せるようになった。そして、このような石見支配の方式は、康応元年（一三八九）以降、義弘が在京するようになっても変わらなかった。

後に義弘は、「応永の乱」で益田氏など石見の国人を自己の軍事力として動員している。『応永記』によれば、大内氏の後詰《ごづ》めに控えの軍勢として石見の国人二百余騎がいたが、もとから幕府方へ内通していたので、管領の手に合流したという。義弘はこの戦いで結局は寝返られてしまうものの、石見国の国人を遠く堺の城まで動員できるようになっていたのである。

港湾としての益田

弘世から義弘にかけての時代、大内氏が益田氏との同盟を重視したのにはわけがある。それは活発な交易をおこなっていた港湾の存在である。

そこで、そのような港湾の遺跡である益田市内の「中須東原《なかずひがしはら》遺跡」（国指定史跡）、及び「中須西原《なかずにしはら》遺跡」に注目したい。以下、益田市内の一連の中世港湾遺跡については『中須東原遺跡―市内遺跡発

中須東原遺跡空中写真
（太線で囲んだ部分が遺跡の範囲）

掘調査及び益田川左岸北部地区土地区画整理事業に伴う埋蔵文化財発掘調査報告書―』及び『シンポジウム「中世山陰の流通と国際関係を考える」』を参照する。

両遺跡は隣接した中世湊町の遺跡であり、二〇〇五年度以降、益田川・高津川の河口域で発掘が行われている。両遺跡では礫《れき》をびっしり敷き詰めた大規模な船着き場の跡が見つかっており、一五世紀代を中心とした中国・朝鮮の陶磁が大量に出土したほか、山陰地方で初めてタイ産の壺も出土した。二つの湊町は一体となって一三世紀から発展し始め、一五世紀に最盛期を迎え、一六世紀まで継続したと考えられている。

南北朝期、益田氏が河口に位置する中須地域を新たに支配すると、二つの港は益田氏による対外交易の拠点となった。

このほか「沖手遺跡」の発掘により、益田には鎌倉時代に遡る大規模な港湾集落があったことが明らかにされている。やがて、中世末期の益田の海岸部には河口のあたりで急激な地形の変化があり、一六世紀に入ると、「中須東原遺跡」・「中須西原遺跡」に相当する港町は衰退し始めた。当時の日本海側共通に見られる土砂の流入や海面の後退といった現象により、港町も場所を移していったのである。

このように、益田では中世の初期から末期にかけて、港の位置を変えながら、アジア諸国とつながる活発な日本海交易が行われており、大内氏が港の支配者である益田氏と連携しようと強く望んだことが窺える。

2 安芸国への進出

弘世と安芸国

弘世は貞治五年（一三六六）に石見守護になると、すぐに守護権力の弱体な安芸国内に影響力を持とうとした。先ず、弘世は益田氏を率いて安芸国大田《おおた》（山県郡）に出兵し、そこから安芸進出を開始した（大日古『益田家文書』一―五四）。

応安元年（一三六八）、弘世は厳島社と安芸の国人の内藤道泰との間に生じた所領相論を仲裁し、道泰が安芸国高田郡内の地頭職を取り戻せるようにしてやった（『閥閲録』二、内藤次郎左衛門）。これにより、幕府は弘世の実力を認め、彼に安芸国内の紛争を収拾させようとした。弘世は応安二年（一三六九）には、小早川貞平《さだひら》に押領された安芸国衙領を幕府の命で東寺に返付している（東寺百合文書セ函二〇―（三）、『南中』三七二四）。

ところが、応安四年（一三七一）になると、幕府は安芸武田氏から守護職を取り上げ、九州探題今川了俊に安芸の守護職を兼任させてしまった。そこで、弘世は守護の了俊が安芸国内に不在であることから、その隙を突くことを目論んだ。康暦二年（一三八〇）、弘世は安芸国衙領の近隣にいる地頭たちをけしかけて、国衙領を押領する違法行為を繰り返した（東寺百合文書い函一一、『南中』四五八〇）。了俊が弘世の安芸進出を許してしまったのは、了俊が安芸国の治安維持を隣国の弘世に任せてしまい、弘世の軍勢が安芸国内に常駐することを容認していたからであろう。同時に、弘世の子の義弘が九州で了俊を軍事的に支援しており、了俊は弘世の行動を非難することで義弘の援助を失いたくなかったからであろう。

また、弘世は安芸国造果保《ぞうかのほ》（賀茂郡）をめぐる紛争に介入することによって、厳島社の神主家と親密な関係を結び、政治的に大きな収穫を得た。建武三年（一三三六）、足利尊氏はいったん厳島社に造果保を造営料所として寄進したが、文和三年（一三五四）になると、足利義詮は造果保を安芸国人の小早川氏平《うじひら》に預け置いた。それにもかかわらず、厳島神主は応安元年（一三六八）になっても、造果保内に要害（城郭）を構えて占拠し続けた。この問題について、幕府は小早川氏と神主家のいずれの所領であるかを裁定することができず、弘世は幕府の優柔不断な対応に付け込んだ。応安三年（一三七〇）、弘世は幕府の命に従わず、厳島神主と結託し、神主が造果保を占拠することに加担した。応安六年（一三七三）、幕府はいったん厳島神主藤原了親《りょうしん》の側に造果保を押領した罪科があると裁定しながら、了親が九州に出兵するならば、処罰を免除するという妥協案を提示した（大日古『小早川家文書』二―四九七）。幕府がこのように弱腰なのは、九州平定の軍勢を確保するため、厳島神主家、及び神主家と結託している弘世の協力を得る必要があったからであろう。

弘世が進出した当時、安芸国では、小早川貞平が安芸国衙領を押領していたが、同じ小早川氏でも氏平は厳島神主家に造果保を奪われていた。このように、南北朝末期の安芸国は、安芸武田氏の時代も、今川了俊の時代も、守護権力が弱体であり、国人同士が所領をめぐって食うか食われるかの生存競争に入っていた。そのため、安芸の国人たちは、隣国で強大な勢力を誇る大内氏が利害を調整することに期待を寄せていたのである。

弘世と瀬戸内海

弘世は安芸国で守護のような振る舞いをし、国人たちを臣従させようとした。では、なぜ弘世は安芸国にこだわったのだろうか。これには三つの理由が想定できる。

一つ目は、厳島が周防国に最も近い安芸国佐伯郡に位置しており、弘世が厳島神主家と強い結び付きを必要としたからである。厳島は周防方面から安芸に進攻する際の中継地となり、大内氏にとって重要な戦略的拠点であった。弘世は石見方面から安芸に進出するだけでなく、厳島神主家と結託し、瀬戸内海沿岸からも安芸国に進出しようとした。このため弘世以降の大内氏は、厳島神主家と強い主従関係を維持するようになる。「系譜類」によれば、弘世の娘の中に安芸厳島の神主の妻になっている者がいる。また、『応永記』によれば、応永の乱に際し、厳島神主家は義弘軍に加わっている。

二つ目は、瀬戸内の海賊をコントロールしたかったからである。厳島神社は古くは平清盛によって海上の守護神として崇敬され、その後も海上交通の要衝であることから、瀬戸内海の海賊衆によって崇敬されていた。弘世は厳島神主家を臣従させることにより、最寄りの海賊衆に影響力を持とうとしたのである。

三つ目は、周防・長門のみならず安芸国も含めて、瀬戸内側にある交易の盛んな港湾を支配し、東アジアとの交易を確保したかったからである。義弘は九州に出兵し、博多を支配して、東アジアとの交易ルートを確保しようとした。これに対し、弘世は関門海峡より西側への勢力拡大よりも、石見・安芸方面での軍事行動に力を注いだ。近年、周防国岩国や石見国益田で、南北朝時代に遡る活発な対外交易に関わった港湾遺跡が発掘によって明らかにされている。厳島もまた対外交易に重要な港湾を持っていたことは想像に難くない。弘世は九州まで進出することなく、中国地方の瀬戸内海側と日本海側に分布する港湾に影響力を保持することによって、東アジアとの交易の利を得ようとしていたのであろう。

このように、弘世は、有力神社、海賊衆、港湾に影響力を持つため、安芸国に進出しようとしたのである。

義弘と安芸国

先に見たように、安芸国に進出した弘世は、その権益を義弘ではなく、弟満弘に譲りつつあった。安芸での弘世の動静は、永和五年（一三七九）四月まで確認できるが、それ以後康暦二年（一三八〇）一一月に死去すること以外はわからない。同年五月、義弘と弟満弘が安芸国で合戦し、義弘が勝利している。そして、この合戦の直後、康暦二年（一三八〇）六月、今川了俊が薩摩国の禰寝《ねじめ》氏に安芸国の情勢を伝え、「芸州事も今は無為に候、大内も兄弟一つに成て候」と書き送っている（大隅禰寝文書、『南中』四六一〇）。安芸国も今は平和になり、大内氏は義弘・満弘兄弟が「一つに」なったというのである。

このようなことから、義弘は安芸国に進出できるようになったが、義弘・満弘の和睦の条件が、先に見た石見国の場合と同様であるならば、惣領である義弘のもとで、満弘が引き続き安芸国を管轄することになったであろう。しかし、このあと安芸国での大内氏の動きはわかりにくくなる。

義弘は康応元年（一三八九）になると在京し、しかも明徳元年（一三九〇）頃、安芸守護が今川了俊から細川頼元に交替したため、以後、義弘の安芸国への影響力は後退する。それでも、明徳三年（一三九二）、義弘は安芸国の有力国人である毛利氏に対して、京都から大内氏の氏神である妙見に誓った起請文を送り、毛利氏の所領である安芸国入江保（高宮郡）を安堵している（『毛利家文書』四―一三三四）。京都と安芸国が隔たっていることから、このような厳重な誓約により、何とか毛利氏の歓心を買い、安芸国での足場を確保しようとしたのであろう。

さて、『臥雲日件録抜尤《がうんにっけんろくばつゆう》』（『県史』史料中世1）には、義弘が花見の席で即興の和歌を詠んで義満の歓心を買い、安芸国の東西条《ひがしさいじょう》を与えられたという世上のうわさがあったと記されている。しかし、このうわさは他の文献で確認することができず、この話だけでは義弘の時代に本当に東西条が大内領であったかどうかは判断できない。それでも、東西条は弘世が厳島神主と結託して占拠しようとした賀茂郡の造果保《ぞうかのほ》に近い位置にあり、弘世・義弘父子の二代にわたって、安芸国の内陸部に位置する賀茂郡に活動拠点を求めたであろうことは想像にかたくない。のちに、大内氏は東西条内に鏡山城を設け、代官として城督を任命している。城督は近隣の国人を大内氏の家臣とし、東西条内の所領を彼らに預け置いた。東西条は、大内氏が安芸国の国人に主従関係を広げてゆくための拠点として必要だったのである。

3　豊前国への進出

限定された守護権

豊前国の領国支配は、義弘が守護になってしばらくの間、安芸、石見とは異なり、九州探題の影響下にあった。応安四年（一三七一）以降、義弘は九州に勢力圏を形成することに努めたが、彼の軍事力の行使は九州探題に協力するという名目でしか容認されておらず、義弘が九州内の土地を勝手に処分することは許されなかった。

康暦元年（一三七九）、義弘は了俊に代わってやっと豊前守護になることができたが、了俊が九州探題の地位にある間、義弘は単独で豊前国を支配することはできなかった。永徳元年（一三八一）、宇佐大宮司の神領が押領された際には、幕府―九州探題―大内義弘という命令系統によって、沙汰付《さたつけ》（領有権の回復）がはかられた（豊前到津文書、『南中』四六九五）。また、嘉慶二年（一三八八）、義弘の家臣である「森掃部入道《もりかもんにゅうどう》」は、豊前国の社官・地頭・御家人・郷司等から宇佐宮修造役を徴収することを、義弘を介さず了俊から直接督促されている（豊前宮成文書、『南中』五一五四）。なお、「森掃部入道」は、応永期の大内氏の豊前守護代とされる森大和入道と同一人物、または一族の者であるようだ。

支配の進展

義弘の豊前国支配が本格化するのは、応永二年（一三九五）に了俊が探題を罷免されたのちのことであった。応永三年（一三九六）、義弘は宇佐宮に対し「御神領拾分一」という課役（銭）を免除した（到津文書一八四の一・二、『大分県史料』一）。応永四年（一三九七）には義弘が宇佐大宮司に書状を送り、造営に協力する旨を告げている（到津文書一八四の三、前出）。これらの行為により、義弘が豊前守護としての立場を明確に打ち出したことがわかる。

これ以降、義弘は豊前一宮である宇佐宮支配を進展させた。応永四年（一三九七）、幕府は大内義弘・大友親世らに命じて九州の諸勢力を追討させている。義弘の代わりに出兵した弟満弘は、宇佐宮領豊前国到津庄に打ち入った際、領家職があると称し、宇佐宮から到津庄を半分没収している（到津文書一八五、前出）。これより以前、到津《いとうづ》氏は至徳三年（一三八六）、了俊の推挙によって大宮司に就任しており、了俊と結託して宇佐宮を支配していた（到津文書一七の八・九、前出）。中世において各国を代表する神社の神職は、同時にその国内の在地領主（武士化した領主）の首領でもあった。義弘は大宮司到津氏の勢力を削ぐことによって、豊前国の在地領主層に君臨しようとしたのである。

さらに、盛見の時代になると、大内氏は宇佐大宮司を推挙する権限を握るようになった。豊前国内の在地領主層は、豊前一宮である宇佐宮の神事を支えており、宇佐宮の神事に関わることは、彼らに

太守海賊大将軍源朝臣芸秀、上関太守鎌苅源義就、上関守屋野藤原朝臣正吉、富田津代官源朝臣盛祥、長門国では赤間関鎮守高石藤原忠秀、赤間関大守矢田藤原朝臣忠重、賓重《（肥中）》関大守野田藤原朝臣義長などの人名が見られる。その名乗りから、「関」や「津」といった海上交通の要衝を治めていたことがうかがえる。いかにも仰々しく、他の文献にも見られない怪しげな名前であることから偽名である可能性もある。特に興味深いのは「海賊大将軍源朝臣芸秀」である。ここで「海賊大将軍」という自称は、〈海域の支配者〉というような意味で用いられており、朝鮮王朝に対してはばかるような悪名ではないだろう。

このように、室町時代の周防・長門両国には、大畠・上関（竈戸関）・富田津・赤間関・肥中《ひじゅう》といった港湾を根拠地とし、朝鮮王朝と独自に通交を図る豪族が分布していた。そして、彼らは「海賊大将軍源朝臣芸秀」に代表されるように、「海賊」の首領であったと思われるのである。

大内氏と多賀谷氏

史料上、義弘との関わりが明らかな海賊は、安芸国の港湾を根拠地にしている多賀谷氏である。実は、先に触れた『下向記』の中で、康応元年（一三八九）の将軍義満の遊覧の際、義弘の使者を務め、義弘の出迎えが遅くなる旨を義満に伝えた「海賊衆」が多賀谷氏である。多賀谷氏は倉橋と蒲刈の二家に分かれているが、倉橋多賀谷氏の氏神である桂浜神社には、大内氏の氏寺である興隆寺の僧によって応安七年（一三七四）から翌年にかけて書写された大般若経が収められている。大内氏との密接な関係によって、この経典が多賀谷氏のもとに移ったのであろう。一方、蒲刈多賀谷氏の方は、永正四年（一五〇七）、大内義興が京都に攻め上った際、大内

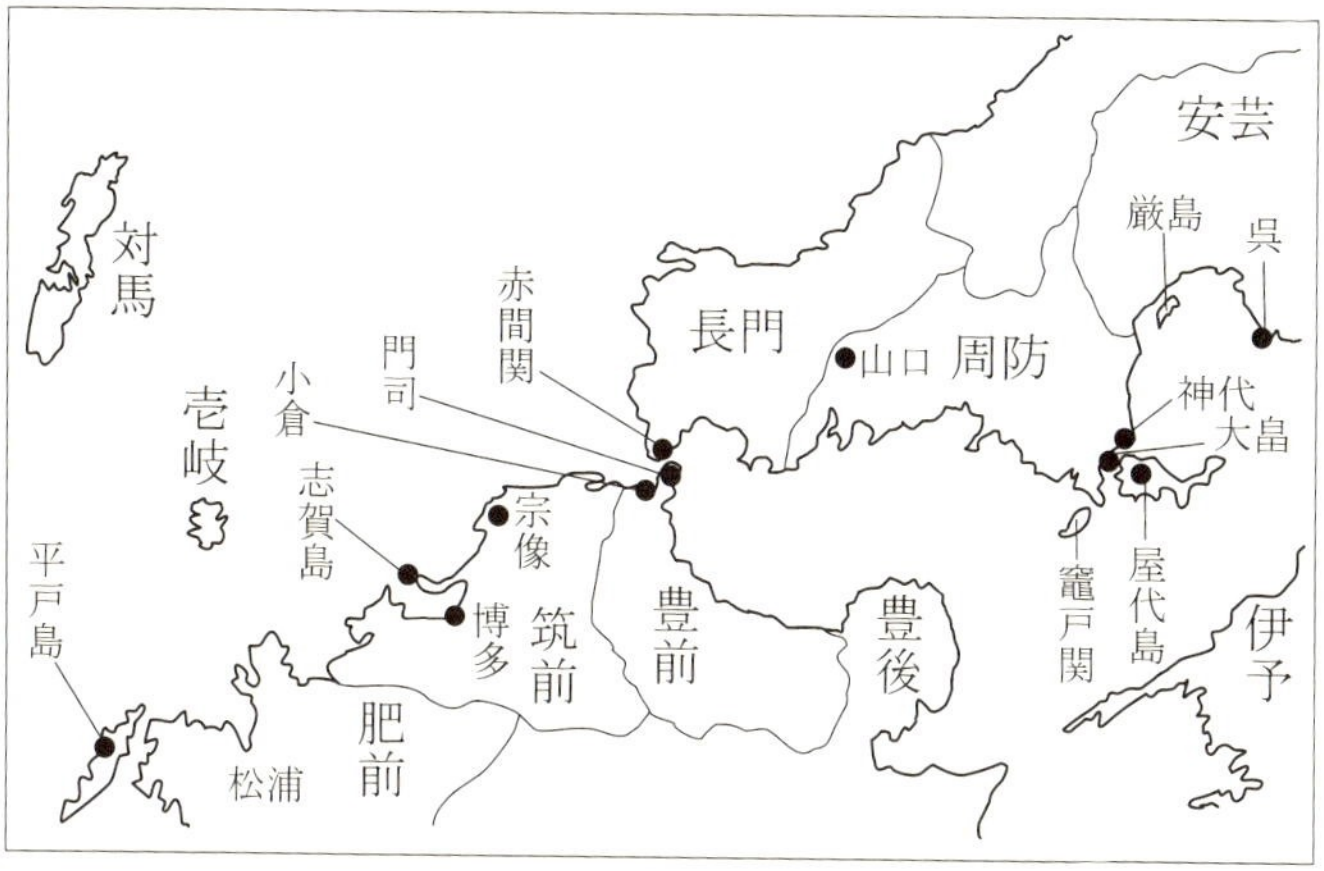

中国・九州の海賊の根拠地

氏の海上軍事力として活躍している。このように二つの多賀谷氏は大内氏に臣従し、重用されていたようである。

時代は下るが、『李朝実録』（前出）世宗一一年（一四二九）一二月乙亥条に載せられた朝鮮通信使朴瑞生《ぼくずいせい》の復命書によれば、九州・中国の海賊はそれぞれ主人を持っていた。朴瑞生が言うには、志賀島（筑前）・上関（周防）・屋代島（周防）等の賊は大内氏を、大島（筑前）は宗像氏を、豊後国の諸賊は大友氏をそれぞれ主人とし、壱岐・平戸（肥前）等の島は、志佐、佐志、田平、呼子といった松浦党の諸氏に任されていた。瑞生の見解は、これらの海賊が、大内や大友といった大名や宗像氏や松浦党といった武士団など沿岸の地域支配権力者と主従関係にあったことを反映している。大内氏は安芸、周防、筑前というように、関門海峡の両側で海賊を臣従させていたのである。

ところが、一五世紀前半に書かれた『老松堂日本行録』には、蒲刈多賀谷氏の根拠地である蒲刈島について、「この地は群賊の居る所にて王令及ばず、統属なきゆえに護送船もまたなし、衆みな疑い懼《おそ》る」と記されている。この地は海賊が群れていて公権力が及ばないので護送船もなく、乗船者は海賊の襲撃を恐れたというのである。大内氏は蒲刈多賀谷氏を臣従させていても、その海賊行為を取り締まっていないようである。海賊行為の既得権と引き換えにしても、瀬戸内海の海賊を味方に付けたかったからであろう。

豊前守護職を得た義弘は、関門海峡の両側を支配するようになり、赤間関と門司の二つの関によって、関門海峡の船の通航を取り締まることができるようになった。

関門海峡と海賊

先に見た朴瑞生の復命書の中で、瑞生はとりわけ対馬の宗氏、及び大内氏を有力視し、もし西に向かう海賊があれば、宗貞盛が領民に命じて水を汲むのを許さず、大内氏が赤間関に命じて西へ出るのを許さなければ、海賊は往来することができないと述べている。彼の発言は、大内氏が関門海峡の両側を押さえていたという事実を裏付けるものである。

また、『李朝実録』（前出）世宗一二年（一四三〇）五月戊午条で、朝鮮の大護軍李芸《りげい》は四国の海賊が朝鮮半島に侵攻する懸念を表明している。李芸は、もし四国の海賊が大内氏に随行して対馬まで来るならば、朝鮮までの海路の詳細を知ることになり、以後朝鮮で動乱を起こす恐れがあると言っている。従来、瀬戸内海の海賊が倭寇となった確証はないとされるが、実際のところ、朝鮮王朝は瀬戸内海の海賊であっても、倭寇化することを警戒していたのである。これに対し、大内氏は瀬戸内の海賊を臣従させ、あわせて関門海峡の両側を支配することによって、朝鮮王朝が抱いていた瀬戸内からの倭寇に対する不安を和らげていたということができるだろう。

倭寇の禁圧

一三五〇年、高麗への倭寇の侵攻が始まった。この頃の日本は「観応の擾乱」の最中で、北部九州に秩序を確立する権力者がおらず、この地域の海民に高麗人が加わって朝鮮半島全土を襲撃するようになった。そこで、このような混乱を鎮めるため、高麗の将軍であった李成桂《りせいけい》は高麗王朝を倒し、新たに朝鮮王朝を創った。自ら王となった李成桂は倭寇を鎮圧したが、それでも朝鮮王朝は、倭寇への警戒心を緩めていなかった。

当時の倭寇の実体は、北部九州の壱岐・対馬・松浦（肥前国）を根拠地とする海賊であり、朝鮮王朝はこれら三箇所に根拠地を持つ倭寇を「三島《さんとう》倭寇《わこう》」と呼んでいた（田中健夫『中世海外交渉史の研究』）。この「三島」地域は、南北朝時代初期、少弐氏が支配していた。少弐氏は九州探題に抵抗しており、義弘は九州探題の九州平定に協力するという名目で「三島」地域に影響力を持つ少弐氏を追い払おうとしたのである。大内氏が義弘以来、北部九州への進出をはかったのは、このような理由からであった。

応永四年（一三九七）、義弘は弟たちを派遣して「三島」地域を制圧した。その結果、朝鮮王朝は大内氏に直接倭寇の禁圧を要請するようになった。朝鮮王朝は少弐氏よりも大内氏の方に頼りがいを感じたのであろう。義弘は一方で少弐氏勢力を排除することによって幕府から褒められ、他方で「三島倭寇」を抑えることによって、朝鮮王朝から高い評価を得ることができたのである。

第六章　義弘の自己認識

1　在京中の意識

在京大名として

大内義弘は九州探題を支援することによって、まだ在京しない段階で幕府からその軍事力を高く評価された。そして、康応元年（一三八九）、義弘は将軍義満を周防国で接待したのち、義満の帰還に同行して上洛した。そのあと応永五年（一三九八）に再び戦況の悪化した九州に出兵するまでの九年間在京した。

弘世は幕府と距離を置いていたが、義弘は将軍に間近で仕えるようになる在京以降、義弘は明徳の乱や南北朝合体での功績を高く評価され、得意の絶頂に達しながら、最後は幕府に反乱を起こして滅ぶ。京都に上ってから堺で滅ぶまでの一〇年間は、義弘の生涯で最もドラマティックであったといえよう。

では、この間に義弘はどのような人間関係にあり、それをどのようにとらえ、どのように自己を認識したのであろうか。

『難太平記』に見る義弘

義弘は九州に出兵することによって、九州探題今川了俊という足利一門大名と密接な関係を結ぶことになった。義弘は了俊の弟であり養子でもある今川仲秋の娘を妻とし、了俊と姻戚関係にある。有名な今川了俊の『難太平記』後半部分には、了俊から見た義弘の人間像や義弘の発言が記されている。了俊が『難太平記』を執筆した動機は、単に『太平記』の誤りを正すためだけではなく、自分の子孫に向けて幕府体制での処世について書き置くためでもあった。『難太平記』は、義弘の戦死からあまり年月のたっていない応永九年（一四〇二）に著述されており、それゆえ、在京中の義弘の意識を知るうえで貴重である。

他の在京大名との関係

『難太平記』には、義弘が「今、在京仕りて見及ぶごとくば、諸大名御一族たちのこと、さらに心にくく存ぜざるなり、」と述べている箇所がある。義弘は他の在京大名のことを「心にくく」、つまり心良く思っていないと述べており、彼らに親近感を持っていないことがわかる。

義弘が他の在京大名に親近感を持っていないと言うからには、彼にとって在京大名の社会はあまり居心地の良いものではなかったのだろう。

「系譜類」によれば、義弘の姉妹には、「山名讃岐守晴政」、「大宰少弐冬資」、「大友修理大夫親世」といった西日本の有力外様大名の妻になっている者がいる。このうち少弐冬資、大友親世については義弘と密接に関わる人物であり、「系譜類」の記事は信憑性が高い。しかし、「山名讃岐守晴政」については、「山名讃岐守時政」と記されている系譜もあるが、いずれにしても伝来している山名氏の系譜には見当たらない人名である。そこで、「山名讃岐守」の名乗りだけを手掛かりとして「山名系図」（『群書系図部集』二）の中を探すと、山名師義の子である「山名讃岐守義幸《よしゆき》」の名を見つけることができる。義幸はいったん山名氏の惣領と目されたが、病弱のため家督を辞退した。この人物なら山名氏の中でも重要な地位にあり、大内氏と姻戚関係を結ぶのにふさわしいであろうが、確証はない。

山名氏の場合については不確かなところが残るが、「系譜類」では、義弘は外様大名では山名氏、少弐氏、大友氏と、足利一門では今川了俊と姻戚関係にあったことがうかがえる。しかし、斯波、細川、畠山、渋川のような幕府の要職を占めるような足利一門大名とは姻戚関係になかった。足利一門大名の間では互いに姻戚関係があり、今川了俊が九州探題を罷免されたあと、管領斯波義将が娘婿の渋川満頼を探題に推したように、姻戚関係にある大名の間で幕府の要職を独占していた。義弘が山名氏以外の在京大名と姻戚関係がないのは、大内氏が足利一門大名と対等な関係ではなかったという証といえよう。

また、義弘は姻戚関係にある了俊からも格下に見られていた。

『今川了俊書札礼』には、「大内などハ今も我々にハ恐々謹言と書き候て、詞《ことば》ももってのほか無礼に書き候へども、これまた沙汰のほかニ候」という記述がある。また、「父道階（弘世）の時、無礼にしを（置）き、人も家人《けにん》も請け次ぎ（受け継ぎ）候て振る舞ひに候、うたてしく存ずるばかりに候」という記述もある。大内氏が

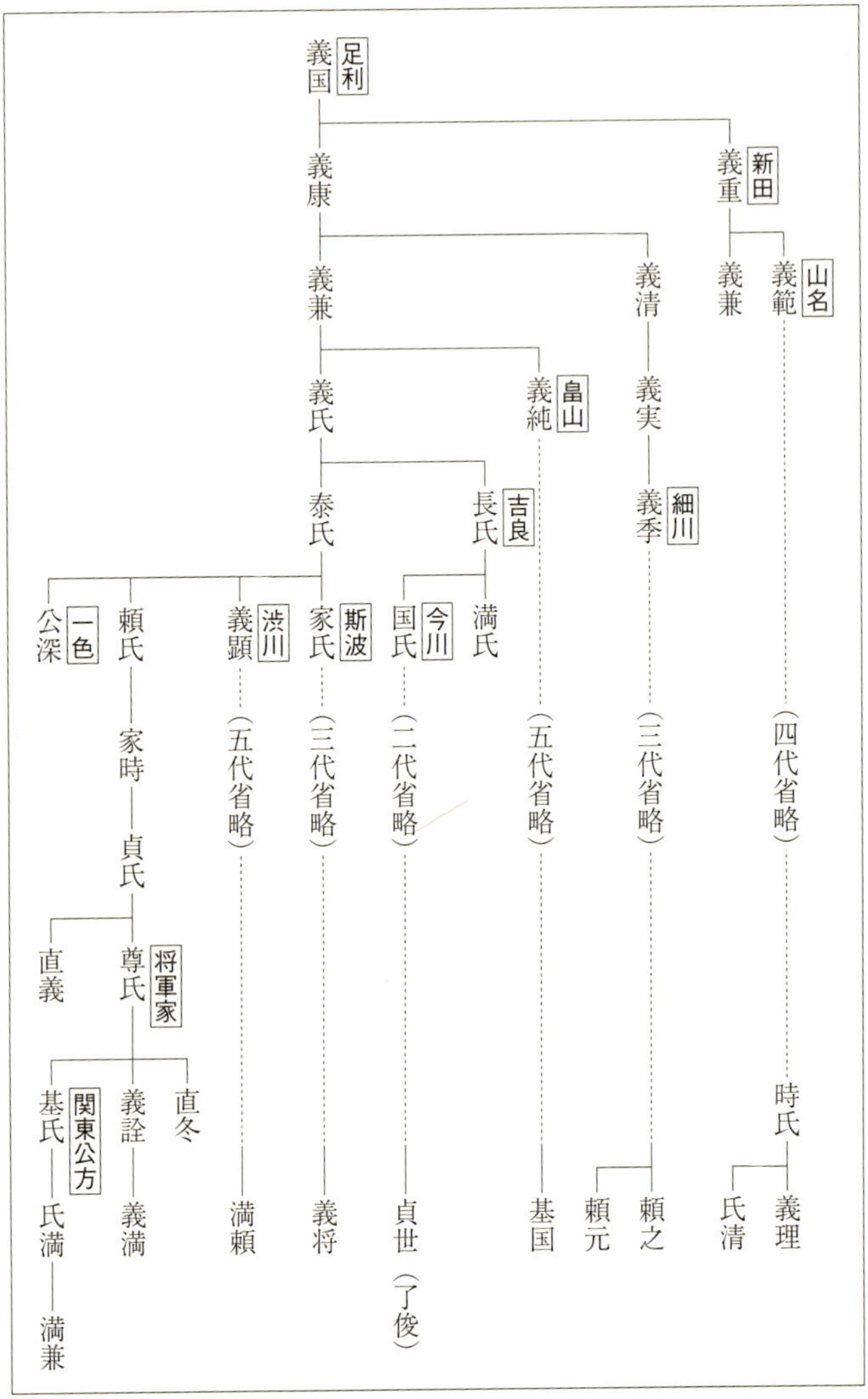
足利
義国
義康
新田
義重
義兼
山名
義範
義清
義兼
義氏
畠山
義純
義実
泰氏
吉良
長氏
細川
義季
一色
公深
頼氏
渋川
義顕
斯波
家氏
今川
国氏
満氏
家時
（五代省略）
（三代省略）
（二代省略）
（五代省略）
（三代省略）
（四代省略）
貞氏
直義
将軍家
尊氏
関東公方
基氏
義詮
直冬
時氏
氏満
義満
満頼
義将
貞世
（了俊）
基国
頼元
頼之
氏清
義理
満兼

足利氏一門系図

送って来る書状は自分に対して無礼な言葉づかいであり、弘世の代から一門も家来も無礼な態度を受け継いであきれてしまうというのである。了俊が大内氏を「無礼」な一族とみなしていることがわかる。

その一方で、桜井英治が今川了俊の斯波・渋川両氏に対する敵意が『難太平記』の隠れたモチーフであると述べているように（桜井英治前掲著書）、今川氏は将軍家との系譜の近さで斯波・渋川両氏にかなわなかった。在京大名の社会では、同じ足利一門でさえ最上位の斯波・渋川両氏と今川氏の間で家格に差があり、ましてや足利一門と外様の大内氏とでは、大名の格に大きな隔たりがあったのである。

足利義満との関係

義弘は明徳二年（一三九一）の「明徳の乱」で、九州だけでなく京都においてもその軍事力を誇示した。そして、この頃から応永四年（一三九七）までの間は、義弘と義満との関係が最も良好であったと見られる。

明徳四年（一三九三）一〇月一九日、義弘は和泉国の堺で犬追物《いぬおうもの》を主催し、将軍義満及び諸大名を招いて歓待した。大内氏一族からは、義弘のほか新介弘茂、伊豆守満弘という弟たちの名が見える。在京大名では、管領斯波義将、細川頼元、山名時熙といった幕閣が参加している（国史大系『後鑑』第二篇）。義弘は自己の拠点で大規模な社交の場を設け、大いに面目をほどこしたのである。同年一二月一三日、義弘は九州及び明徳の乱の功績により、将軍家の一族に准ずるという御内書を与えられ（内閣記録課所蔵古文書、『大日本史料』第七編之一）、義満から最高の栄誉で讃えられた。そして、応永元年（一三九四）に義満が出家すると、義弘は義満に追従する行動をとり、他の大名と競うようにして「入道」となった。

また、いつのことかわからないが、禅僧の瑞渓周鳳《ずいけいしゅうほう》が記した『臥雲日件録抜尤《がうんにっけんろくばつゆう》』（前出）には、先に触れたように、義弘が義満にうまく取り入って所領を充行われたという話が記されている。ある日、義満一行が伏見・木幡《こばた》で花見をしていた時、にわかに雨が降って来た。義満は義弘を困らせてやろうとして即興で和歌を詠むように命じた。義弘が「雨しばし、雲にかすらん、木幡山、伏見の花を、行きて見んほど」と詠んだところ、たちまち空が晴れたので、義満は大いに感心し、義弘が欲する安芸国東西条を褒美として与えたという。

ところが、応永四年（一三九七）になると、義弘の反抗的態度が顕在化し、義満と義弘の関係にひびが入っていった。とはいえ、二人が決別してゆく過程は単純ではない。

応永四年（一三九七）、義満は京都北山に新たな邸宅である北山第《きたやまてい》を造営した。北山第はいわゆる「北山文化」の中心地となり、義満の死後は鹿苑寺《ろくおんじ》（金閣寺）となる。『臥雲日件録抜尤』（前出）には、義満が北山第の造営工事に諸大名の家臣を動員したことに対して、諸大名の中で義弘だけがこの命令を拒否したとある。義弘は自分の家臣は戦《いくさ》を生業としているので工事に使役されるいわれはないと言い、気骨のある態度を見せたという。瑞渓周鳳は、これを義弘が義満の命に逆らった最初であると記している。同年、義弘は幕府の要請を受けて弟の満弘と盛見を九州に派遣したが、その年末に満弘は戦死してしまった（『応永記』）。義弘が造営の命令を拒否したのは、九州出兵による戦費の負担と弟の犠牲を顧みることなく、義弘に造営工事までさせようとする義満の態度に対して怒りを感じたからであろう。

その一方で、義満は応永五年（一三九八）、義弘の「謀反」のうわさがある状況下、わざわざ自分の方から義弘邸を訪問し、義弘との関係修復を試みることもあった（『兼敦朝臣記』『県史』史料中世1）。

義満は義弘に対して、時に高圧的に命令し、時に低姿勢で懐柔しようとした。義弘は反発と追従を繰り返しながら、次第に反乱へ向かって行ったのである。

2　自己認識の形成

挙兵のスローガン

義弘は義満に対する不信から反旗を翻すにあたり、天下の新しい主人として、鎌倉公方《かまくらくぼう》を選んだ。鎌倉公方足利氏は、初代の基氏が足利尊氏の子であって将軍家に近い血筋である。鎌倉府を開き、将軍から東国の統治を委任された。義弘はかねがね義満の政治に不満を持っていた基氏の子の氏満に決起を勧めたが、氏満は挙兵に至る前に死去してしまった（『鎌倉大草紙』）。そこで、代わりに氏満の子の満兼にはたらきかけることになった。

義弘は、いったんは鎌倉公方足利満兼《みつかね》をかつぎ出すことに成功した。応永六年（一三九九）一〇月、満兼は安芸国の児玉氏に対して「天下の事について、諸国申し付ける子細候」と呼びかけ、幕府と戦うため、軍勢を派遣するよう要請している（『萩藩閥閲録』一、児玉三郎右衛門）。おそらく満兼は諸国の武士に同様の呼びかけを行ったのであろう。しかし、満兼は諸国に号令を発しておきながら、自身は鎌倉から武蔵府中まで軍勢を進めた後、それ以上動くことはなかった。

同年一一月、今度は義弘が動いた。義弘は満兼の御教書に副状《そえじょう》を付して、大和の守護的な地位にあった興福寺に対し加勢を要請し、「請文《うけぶみ》」（加勢を承知した返事）を提出するよう求めている。そして、一一月四日早朝、御教書と副状はともに興福寺僧の集会《しゅうえ》で披露された（「寺門事条々聞書」、『県史』史料中世1）。

この御教書には、「天命を奉《うけたまわ》り暴乱を討つ、まさに国を鎮めて民を安んぜしめんとす」という一節がある。これは天に代わって義満の乱暴な政治を倒し、民を安心させたいという意味である。この文句自体はたしかに満兼が記したものである。しかし、義弘が表面上、挙兵の主人公を満兼としながら、自身がこの挙兵を主導し、この文句を「世直し」のスローガンとして用いていたことはまちがいない。実は、興福寺に届いた満兼の御教書は七月二五日付け、義弘の副状は一〇月二八日付けである。一〇月に京都に帰還するかなり前に、義弘は満兼から挙兵のお墨付きとして御教書をもらっており、これを利用したのである。義弘は軍勢を集めるため、四か月も前の満兼の御教書を用いてまでも、自己の行為を正当化せねばならなかったのであろう。残念ながら、満兼の御教書と義弘の副状が届く前日の一一月三日に義満の御教書が興福寺に先に届いており、興福寺はこれに従って義弘の「退治」を決定していたのである。それゆえ義弘の要請に応じることはなかった。

では、義弘にとってこのスローガンはどのような意味があるのだろうか。

応永元年（一三九四）、将軍を辞して太政大臣に任ぜられた義満は、天皇から武家と公家両方の世界で最高の地位を与えられており、そのような義満の「暴乱」を討つには、「天命」を奉じなければならなかった。巨大な将軍権力に立ち向かうためには、朝廷や幕府とは別格の存在から正当性を得る必要があったといえよう。

室町時代、「天」は武士の世界であまりにも一般的かつ抽象的な概念であり、満兼の御教書にも使われた。しかし、それをスローガンとした義弘にとって「天」は特別の意味があった。このあと述べるように、彼はその絶対的な権威を、具体的には他の大名が奉じていない外国の王権と守護神に求めた。大名社会での家格の差に苦しめられた義弘が、「天」を大内氏独自の概念でとらえ、自身の家に特別な由緒を持たせようとしたこと、そしてそれを将軍に対抗するための精神的支柱としたことはうなずけるだろう。

百済の後裔

この頃の朝鮮半島は、高麗から朝鮮へと王朝が交代する動乱期にあった。高麗王朝は度重なる倭寇の侵攻によって衰退し、一三九二年に朝鮮王朝に交代した。これはちょうど南北朝合体の年にあたる。次の朝鮮王朝も倭寇の禁圧を重要な政治課題としていた。義弘は高麗王朝末期に倭寇の討伐を要請されており、次いで朝鮮王朝から倭寇の討伐により感謝されるようになった。倭寇禁圧に協力することで、朝鮮半島とのつながりが生まれたのである。つまり、将軍権力とは別に、自分を高く評価してくれるもう一つの権力ができたのである。

このような状況から、義弘は自分を〈百済の後裔〉であると称し、自分の背後には外国の王権があることを主張し始めるようになった。そして、この主張を朝鮮王朝にも認めさせようとはかっていく。

高麗末期の一三七八年、義弘は高麗王朝の倭寇の禁圧の要請に応じ、部下を高麗に派遣した。この時は倭寇に大敗を喫したが、すでに義弘は自己のルーツが百済にあり、高麗を「宗国《そうこく》」（主人と仰ぐ国）であると表明している（『高麗史』）。

応永二年（一三九五）に今川了俊が九州探題を罷免されたのち、朝鮮王朝は義弘を頼りにした。義弘が倭寇の根拠地である北部九州を制圧できる勢力であったからである。この年の一二月以降、義弘の名前はしばしば朝鮮王朝の正史である『李朝実録』の中に登場する。

応永四年（一三九七）一二月、朝鮮は義弘のもとへ朴惇之を派遣し、義弘に対して幕府に倭寇を禁圧するよう進言することを要請した。義満は朝鮮の要請を受け入れ、応永六年（一三九九）五月、義弘は義満の命により倭寇を禁圧した。この時、倭寇は武器を棄て、甲冑を投げ捨て、集団で投降しており（『李朝実録』、前出）、義弘は顕著な戦果をあげることができた。同年七月、義弘はその功績を誇り、朝鮮王朝に対し独自の要求を行った。これまで義弘はあくまで義満の臣下として朝鮮と通交していたが、ここで義弘自身が交渉の前面に立つようになったのである。

自分は「百済之後」（百済の後裔）であるが、日本国の人は我が「世系」（血筋）と「姓氏」を知らないので、「具書《ぐしょ》」（証拠文書）及び「百済土田《どでん》」（百済にある田畑）を賜りたいということである（『李朝実録』、前出）。

これに対して朝鮮王朝は、一応大内氏を百済《くだら》の始祖である温祚王から出た高《こう》氏の末裔ということにした。朝鮮王朝は倭寇禁圧で借りのある義弘に対し、仕方なく義弘の要求に応えなければならなかったということであろうか。以後、朝鮮王朝は義弘を「高義弘」と呼び、臣下のように扱っている。

こうして、義弘は自身のルーツに朝鮮との関わりを付すことができるようなったが、朝鮮王朝は義弘の第二の要求である「百済土田」については認めなかった。『李朝実録』（前出）から、王朝の官僚たちがこの件についていろいろな意見を掲げて討論している様がうかがえる。

王朝の官僚たちは朝鮮王に対し義弘に土地を与えてはいけないと進言した。主な理由は、義弘が朝鮮国内に所領を持てば、部下を派遣して租税を徴収する。そうなれば、国民が害を受けるだろう。かといって租税の徴収を禁じると、かえって義弘は怒るかもしれない。さらに、いったん与えた「百済土田」を没収した場合、それを復活させるという名目で義弘が来寇するかもしれないというのである。

そもそも官僚たちは「倭人」（日本人）のことを、心が「強狼」で「変詐」が常なく、礼儀の交わりがないうえ、ただ利を見ているだけであるとみなしており、義弘については、百済の後裔であると主張しているが、その下心ははかりがたいという評価であった。

このように、朝鮮王朝側は一方では義弘の功績を高く評価しながらも、他方では日本人一般と同様に、義弘を疑いの目で見ていたのである。

それでも、義弘は朝鮮王朝から自分のルーツのお墨付きを得ることによって、足利氏一門を至高とするのとは異なる価値観で、大内氏の存在価値をとらえ直そうとしていた。義弘が「百済之後」を称したのは、「応永の乱」を起こす応永六年（一三九九）一二月のわずか五か月前であったが、これは幕府への反乱を目前にし、外国の権威を借りて自己を勇気付けようとしたのであろう。

さらに、自己のルーツが朝鮮半島にあることを目に見えるかたちで示そうとした形跡がある。近年の山口市による発掘調査によれば、大内の乗福寺跡から朝鮮系の滴水瓦《てきすいがわら》が出土しており、乗福寺が初期朝鮮様式の瓦で荘厳されていたことが明らかになった（高正龍「山口乗福寺跡出土瓦の検討―韓国龍文端平瓦の編年と麗末鮮初の滴水瓦の様相―」）。乗福寺は禅宗寺院であり、その基本的な建築様式は中国風であったと想定できる。それでも、義弘は乗福寺に朝鮮風のデザインを付け加えることによって、大内氏が〈百済の後裔〉であることを誇示しようとしたのではないだろうか。

妙見という守護神

義弘が自分の家に特別な由緒を持たせるもう一つの方策は、この家が特別な守護神に守られていることをアピールすることであった。義弘は大内氏の守護神である妙見というカミを、大内氏一族内部の信仰に留めず、広く周囲に大内氏の「氏神」として認めさせようとした。

もともと妙見は北極星が神格化されたものである。北極星は、古代から「星」として盛んに信仰される一方、奈良時代には「妙見菩薩」として仏教信仰の中に取り入れられた。次いで鎌倉後期以降、妙見の性格に中国の道教由来の真武神（鎮宅霊符神）のイメージが導入された。このような新奇な妙見が広まったのち、義弘の時代までに、大内氏はホトケというよりは大内氏だけを守るカミとして、妙見を認識するようになった。

義弘は明徳三年（一三九二）、安芸毛利氏に宛てた起請文で「氏神妙見大菩薩」の名の下に協力関係の維持を約束している。これは大内氏が妙見を「氏神」と呼ぶ史料上の初見である（大日古『毛利家文書』四―一三三四）。義弘は自己を妙見に守護された特別な存在であるとアピールし始めたのである。そして、同年正月、義弘は興隆寺別当に対し、「当国泉州中、妙見を勧請申すべく候、二月会過ぎ候はば、早々御上りあるべく候」と妙見を勧請する準備を急がせている（興隆寺文書二〇、『県史』史料中世3）。義弘は、大内氏の守護神を新たな領国である和泉国の守護神にもしようとしたのである。これは、後年、応仁・文明の乱の際、大内政弘が京都の陣の守護神として妙見を勧請したことに似た行為である。

このことから、義弘の時代の「氏神」は、大内氏の家だけにとどまらず、大内氏の全領国をカバーする守護神の性格を持っていたと言えるだろう。中世の武将が多くの場合、複数の軍神に頼っていたのに比して、義弘は「氏神」である妙見を前面に打ち出すことによって、室町期の大名たちの社会の中で、大内氏を特別な尊い一族だと主張したと思われる。

なお、義弘が堺に勧請した妙見は、堺の妙光寺に伝わっており、同寺では義弘を「開発大檀那《かいはつだいだんな》」と呼んでいる。そして、妙光寺にある安永三年（一七七四）に作られた義弘の過去帳には、当寺の鎮守である妙見大菩薩は義弘公の守り本尊であるという言い伝えが記されている（『堺市史』四　資料編第一）。

精神的支柱として

在京大名の一員に加えられたあと、義弘はますます自己の軍事力を自負する気持ちを募らせながらも、二つの厳しい現実に直面した。一つは、在京大名の社会での居心地の悪さであり、もう一つは、次第に募ってきた義満に対する不信感である。

このような現実に対して、義弘は自己のルーツに外国の王朝から権威をもらい、さらに妙見に守護されていることを表明することによって、大内氏発展の土台となる自己認識を形成していった。最後に義弘はこのような自己認識を精神的支柱として義満に挑むことになるのである。

第七章　反　乱

1　反乱への道程

義満の挑発

足利義満は九州を平定し、南北両朝を合体させ、大名同士を争わせることによって特定の大名を強大化させることを防いできた。義満のこのような政治手法によって、室町幕府は全国政権として君臨することができた。

しかし、最も強力な将軍権力を誇った義満の時代でも、室町幕府は大名たちを滅ぼす際、その領国まで追いかけて攻めるだけの軍事力は持っていなかった。それで、京都の方へおびき寄せて反乱を誘発させるのが義満一流のやり方であった。そうすると、地方の大名は自らの要求を訴えようと、不充分な兵粮や装備のまま、京都へ遠征軍を進撃させることになる。義満は将軍の直轄軍と在京大名の手勢を合わせれば、地方大名の遠征軍など短期決戦で殲滅できると考えていたのだ。

このように自信に満ちた義満は、たとえ京都のど真ん中で合戦することになろうと、内裏や自分の御所が焼かれてしまう危険性や、京都の住人が戦火から逃げまどうことはさほど気にしていなかったようである。明徳の乱の時がそうであったように、反乱を長引かせることなく鎮圧するため、義満にとっては敵に京都まで出て来てもらう方が好都合だったのである。しかし、在京大名たちが同盟して反乱軍を組織するならば様相は全く異なる。応仁・文明の乱の時には、西軍が将軍御所に立て籠もる東軍を包囲し、一進一退の戦いになったため、戦争は長期化し、戦場となった京都は焼け野原になってしまった。

義弘は応永六年（一三九九）、九州から帰って来るとそのまま和泉国の堺に閉じこもった。その行動は義満への不満を抗議してのものであったが、一挙に京都に攻め込もうとはしなかった。義弘は独特のアイデンティティーを形成し、将軍や足利一門の権威に負けない意識を持ったはずであったが、最後は義満の挑発に乗る形になり、堺であっけなく戦死してしまう。

それでは、この反乱はどのようにして引き起こされたのであろうか。

反乱のきっかけ

応永四年（一三九七）三月、九州で少弐貞頼・菊池武朝が九州探題に反旗を翻した。この時、義弘はまず、少弐・菊池を鎮圧するため、弟の満弘・盛見を派遣した。次に、義弘自身、翌応永五年（一三九八）一〇月、九州探題渋川満頼を加勢するため九州に下向した（『迎陽記』一）。これから翌応永六年（一三九九）一〇月に堺に籠城するまでの約一年間、義弘は京都を離れることになる。そして次に堺に帰還した時は、義満の政道を諫めるため、反乱を起こす決意を固めつつあった。

では、その時点までに、何が義弘を「謀反」に向かわせたのであろうか。『応永記』には、義弘の「謀反」の理由が四つ掲げられているが、以下では本当にそうであったかどうかを検討したい。

①義満が少弐氏・菊池氏ら九州の大名に義弘を討伐するように密かに命じていた。

実は、義満がこのような密命を九州の大名に下したという確たる証拠はない。しかし、義満がこのような策略を用いることはありそうなことである。明徳の乱の直前に、山名氏一族に一方を討伐せよと命じておいて、すぐに討伐の対象となった側を許し、逆に討伐を命じた者を攻めるように命じるのは、義満一流の策略であった。義満はこのような策略を用いて山名氏一族を分裂させている。

②義満が義弘から和泉・紀伊両国を没収するといううわさがあった。

義満がこれら二か国を没収するタイミングを狙っていることはあり得る。康暦の政変ののち、管領斯波義将は細川派から取り上げた守護職を外様大名に分け与えてしまった。そのため、義満は大きくなり過ぎた外様大名の勢力を削減せねばならなかった。もし、密かに九州の大名に対し、義弘を討伐するように命じていたなら、探題を加勢する義弘の任務を失敗させることができるであろう。そうすれば、任務の失敗を口実として、和泉・紀伊両国の守護職を没収することも可能になる。時代は下るが、乱の八〇年ほどのち、すこぶる「倭学」があって『太平記』・『明徳記』等を暗唱する老人がおり、義弘が反乱を起こしたのは、菊池・大友を討った際、義満が和泉・紀伊両国を奪おうとしたためであると語ったという（『蔗軒日録』、『県史』史料中世1）。後々まで、「応永の乱」の勃発の原因は、義弘が和泉・紀伊両国の没収を危惧してのことであったと、世間に受け取られていたようである。

③九州で戦死した弟満弘の遺児に恩賞が与えられなかった。

この理由はさほど重要ではないようである。満弘の遺児に恩賞が与えられなくても、そのこと自体は直接義弘の不利益にはならない。もともと満弘は義弘と敵対しており、義弘が満弘父子に対し強い思い入れがあるかどうか疑問である。とはいえ、満弘と和睦した後も、益田氏を介してでなければ満弘を動かすことができなかった経緯があり、義弘が満弘を出兵させることはたやすいことではなかった。そのため、義弘は、苦労して送り出した満弘が戦死したのに義満に十分に評価されなかったことに不満を持ったのかもしれない。

④上洛命令は、実は京都で義弘を誅殺する企みだと、義弘が判断した。

義満は「明徳の乱」の際、有力大名である山名氏清であっても、主人に逆らった家来として討伐した。義満は合戦の場でも満足に鎧を身に着けることもなく、内輪の出来事と称して処罰したのである。義満にとっては大名も単なる家来に過ぎず、世間にはばかることなく滅ぼすことができるであろう。そのため、義弘は自分が軍勢を伴わずに上洛すれば、義満が北山第の造営を義弘が拒否したことなどをあげつらい、主人に対する不忠を理由として、義弘を殺害すると思ったのである。

『応永記』に記されたこれら四つの理由は、どれもありそうなことではある。しかし、これらは義弘を反乱に向かわせた単なるきっかけに過ぎないであろう。破滅的な結果を招きかねないような反乱に突き進んだのは、義弘によほど強い思いがあったからにちがいない。義弘が反乱に至るまでにはどのような心の動きがあったのだろうか。今川了俊や鎌倉公方との関係から義弘の心の動きを見ていくことにする。

大名間同盟

『難太平記』には、義弘が了俊に対し、大名間同盟を持ちかけている様子が記されている。

今川了俊は応永二年（一三九五）、足利義満から京都に呼び付けられた。なぜこのようなことになったかというと、了俊が大友親世の家臣である吉弘右馬頭《うまのかみ》（氏郷）を討ち、親世がこのことを義満に訴えたからである。義満は直接了俊に対し、どうして親世は了俊のことを敵とみなし、訴えているのかと尋問した。そこには、討たれた吉弘右馬頭が豊後の国人であるが、単に大友氏の家臣というだけでなく、幕府直属の家臣として取り立てられていたという背景もあった。

応永二年（一三九五）の「京都不審条々事書」（禰寝文書、『大宰府・太宰府天満宮史料』一二）によると、諸国の武士の中から百余人が幕府直属の「小番衆」として抜擢され、新将軍である義持の御所の警備を命じられていた。義満は、のちの「奉公衆」に相当するような直轄軍を編成する構想を持っており、諸国の武士を将軍直属の家臣に任命していった。その小番衆に豊後国から選ばれたのが吉弘氏であったのだ。了俊は吉弘氏を討ったために、大友氏との関係を損ねただけでなく、義満の不興も買うことになった。その結果、了俊は義満から「御咎め」を被ったうえ、予期しなかった九州探題を解任させられる事態にまで発展してしまった。

この状況を見て義弘は、このままだと了俊は探題を解任されて無力となり、了俊と親世も敵対したままであると考え、密かに了俊のもとに来て、親世との関係を修復させようとはかった。

大内義弘入道、先年、大友（親世）帰国の時、密かに来て云《いう》、大友がこと、始中終御扶持をもって一跡をも安堵し、あまたの新恩をも給ひしこと、ありがたく承り及びしに、今度この者（親世）、上意により難儀、参洛の時、一度も貴方に礼をも申し入れずして、今下向のこと、もっとも遺恨、尾籠《おこ》不義の仁なり、しかりといえども、今度のことは、先立の御芳恩を重ねられて、御対面有て下さるべし、いまだ兵庫の津に逗留のほどに、御供申して御和睦あらば、向後いよいよ忠節いたすべきかと云《いえ》り、

義弘が了俊に言うことには、このたび親世は将軍に呼び付けられ上洛したが、あなたに日頃から目をかけてもらっているのに、京都で一度も挨拶していない。これは愚かで義理を欠く行為である。しかし、私が付き添うので、親世にさらなる恩恵を施すと思って、兵庫の津に逗留している親世に会って和睦してはもらえないかと。

当時、大名同士が私的に同盟を結ぶと、義満から謀反の意図を疑われかねない。そのうえ、義弘はすでに義満に対し、大友氏に加担しないという起請文を提出していたので、表向き親世を支援することははばかられる。そこで義満に内緒で、了俊の判断により親世と和睦することを勧めたのである。

しかし、了俊はこの提案に賛成しなかった。了俊は義満の知らないところで親世に対面することで義満の機嫌を損ねることを恐れたのであろう。

さらに、義満によって理不尽に探題を解任されたことで、世間ではたちまち了俊が義満に背くであろうといううわさがたっていた。そのような時、義弘が了俊の近くに寄って来て、義満の政治手法を批判した。そして、義満に対抗するため、今川―大内―大友の三者同盟を結成することを提案した。了俊はその時の義弘の言葉を書き留めている。

　さては、たちまちに了俊上意に背くべきなりと申しし時、近く居寄て大内云《いわ》く、今、御所（足利義満）の御沙汰の様見及び申すごとくば、弱き者は罪少けれども御不審をかう（蒙）ぶり面目を失ふべし、強き者は、上意に背くといえども、さしおかれ申すべき条、みな人の知るところなり、貴方も、御忠と云い、御身と云い、御心易くおぼしめすとも、御自力弱きことあらば、すなわち、御面目なきことも出来すべきか、義弘がことも、国々所領等身に余りて拝領候し間、この上は国所領を失はぬように了簡すべし、所詮貴方も大友と義弘同心申し候はば、たとひ上意悪《あ》しくとも煩ひあるべからず、まして御咎めあるべからず、

義弘の主張はこうである。義満の沙汰（政治）を見るにつけ、力が弱い者は少々の罪で不興を買って面目を失い、力が強い者は上意に背くといっても、そのままで済まされる。あなたの自力が弱けれ

ば、面目を失ってしまうかもしれない。私も国々や所領を失わないようによく考える必要がある。あなたも親世と私に同心すれば、たとえ上意（義満の機嫌）が悪くとも煩いはないであろう。まして、お咎めもないであろう。

義弘が言いたいのは、義満は諸大名の所業ではなく、諸大名のもともとの勢力次第により、その処遇を決めているということである。勢力の弱い大名はいじめるが、勢力の強い大名はたとえ将軍に逆らっても処罰されることはない。義満は必ずしも大名たちに君臨できているわけではない。義弘は、大名の勢力関係の構図に絶えず気を回し、弱い者いじめをするような義満政権の脆さを喝破していたと言えるだろう。

さらに、義弘は、なぜ自分が了俊に親世を取りなそうとしているのかということについて説明している。

今、在京仕りて見及ぶごとくば、諸大名御一族たちのこと、さらに心にくく存ぜざるなり、貴方御供仕りて九州・中国ひとへにまつはり候はば、すなわち身々の永代の安堵たるべきなり、さすがに大友ことは、九州においては大名なり、御重恩の下にて我々一味候はば、御心易く仕るべく候、しかるあいだ、ただ今義弘起請文を条々書き進めて、別して子々孫々に一味申すべきなり、このために、大友がこととり申すなりと云り、義弘が在京中に感じたことは、京都にいる諸大名とその一族には信頼する気がしない、九州では大勢力の大友氏と同盟を結べば、九州・中国が一つになれるということであった。それで義弘は、起請文を提出して子々孫々に至るまで今川―大内―大友が同盟しようと提案した。けっして家格が高いとは言えない新参者の義弘は、大名としての地位を守るため、三大有力大名による同盟を必要としていたのである。

これに対して、了俊は以下のように答えて大名間同盟の提案を拒否している。

> 元来、御辺（義弘）の御事、仲高入道縁者の事、世の知るところなり、私の見継ぎも見継がる事は重ねてかくのごとく申し定むるまでもなき事なり、また上意として御分（義弘）も御不審を蒙られ、我々も疑はれ申すべき事あらんには、私の一味契約、また重縁などぞ上を射申す事、愚身においてはあるべからず、しかるあいだ御分もすべて我々ゆえに一家を失ひ給ふ事ありがたし、ただ相構えて構えていよいよ公方を仰ぎ奉らば、などか国も所領も召さるべきと存ずるなり、なかんずく大友が事は今度なを仰せを蒙る事等候あひだ、私の和睦無益なり、大友が事御扶持あるべくんば、向後その身を慎しみて、天下のため私曲なかれと仰せらるべしと申しき、

元来、あなたが仲高入道（今川仲秋。了俊の弟）の縁者であることは世の知るところであり、私的に助けあうことは、規律を定めるまでもなく、当然禁止されている。このような同盟を結べば、かえっ

て義満からあなたが不審に思われ、私も疑われるおそれがある。私的な同盟や婚姻によって「公方」（義満）に刃向うことをしてはいけない。「公方」を仰ぎ奉っておれば、国も所領も没収されることはない。特に、大友氏に対して私的な和睦は無益である。あなたが大友氏を支援してやるのなら、今後その身を慎んで、天下の為に私曲（自分の利益のためにする不正）がないようにせよと親世に言ってやるべきである。

このように、『難太平記』の記述から、義弘が諸大名との力関係で大名の処遇を決めるような義満の政治に不満を持っており、機会をとらえては大名間同盟を結ぼうと画策していたことがわかる。しかし、義弘は、結局、今川─大内─大友という大名間同盟を結成することはできなかった。

鎌倉公方

応永六年（一三九九）、義弘は九州から帰還しながら上洛せず、一〇月二七日、禅僧の絶《ぜっ》海中津《かいちゅうしん》が義弘の真意を確かめるために堺にやって来た。その時、義弘は鎌倉公方と同盟を結んでいることを明かした。当初、義弘が挙兵を要請していたのは鎌倉公方足利氏満であった。しかし、氏満は応永五年（一三九八）一一月四日に死去しており、義弘が九州探題の加勢のため九州に下向したのは同年一〇月一六日であることから（『迎陽記』一、前出）、どうやら義弘は九州下向よりも早いタイミングで氏満に連絡を取っていたと推測できる。鎌倉公方との接触から見ると、九州出兵以前の段階で義満は反乱を計画していたといえよう。

『臥雲日件録抜尤』（前出）によれば、義弘が初めて義満に反発するのは応永四年（一三九七）である。これに従うならば、応永四年から同五年の九州出兵までの一年ほどの間に、義弘は義満が忠節に値する主君ではないと判断し、義満の代わりの支配者をかつごうとしたことになる。

義弘と鎌倉公方の交渉については、『鎌倉大草紙《かまくらおおぞうし》』の記述からうかがうことができる。この軍記物の成立は戦国時代まで下るが、関東から見た応永の乱の史料として貴重である。伝来の異なる本が複数あり、少しずつ語句が異なっているが、それぞれの本から意味が通りやすい方の表現を補って、関係記事を引用する。

この年（応永六年）、周防の大内介義弘、京都にて逆心を起し合戦に及ぶ、これは京都にて余りに物荒き御政道ありて諸人迷惑申しける、（足利）氏満公政道正しく御座ありける間、大内連々勧め申す、天下を一旗に仰ぎ申さんと心がけしかども、永安寺殿（氏満）隠れ給ひ、大内は力を落としけるが、是非なく今度堺の浜へ出張して籠城しける、京都より御発向のよし鎌倉へも大内再往頼み申す、今川貞世を以て申し入れけれども、若君（満兼）はかねて上杉入道（憲定）固く申し諫め、十一月廿一日、京都の御手合《おてあわせ》として武州府中高安寺へ御動座、それより上州足利庄へ御発向、人数を催さる所に、十二月廿一日、義弘討死のよし飛脚到来、同七年三月五日、鎌倉へ還御、これまでは足利に御在陣なり、

義弘は、義満の「物荒き」（乱暴な）政道を正すため、足利氏満に期待を寄せた。氏満の死去によりいったんは落胆した義弘であるが、今川了俊の仲介によってあらためて息子の満兼に挙兵を促した。

これに対して、鎌倉公方の補佐役である上杉憲定は満兼の挙兵を諫めていた（田辺久子『関東公方足利氏四代―基氏・氏満・満兼・持氏』、黒田基樹編『足利満兼とその時代』）。そのため、満兼は義満に加勢するという名目で、武蔵府中という関東の中心都市で軍勢を整えた。結局、軍勢を関東から進める前に義弘が討ち死にし、満兼は鎌倉へ帰還した。

『鎌倉大草紙』によると、義弘はうまく鎌倉公方の支援を得ることができなかったということである。「京都の御手合《おてあわせ》」という表現は、京都（義満）と一戦を交える意味にもとれるが、上杉憲定が幕府方に立ち、満兼の挙兵を制止していた状況から、義満に加勢するという意味にとっておく。

一方、今川了俊は『難太平記』で、足利満兼が立ち上がった事情について、義満の政道を批判するためであったと述べている。

今度鎌倉殿思し食し立ちける事は、当御所（義満）の御政道余りに人毎にかたぶき（傾）申す間、終に天下に有益の人出で来て天下を奪はば、御当家亡びん事を嘆き思し召して、他人に取られんよりはとて御発気ありて、ただ天下万民のための御謀反とあまねく聞えしかば、哀れげに当御所もことごとく御意をひるがえし給て、一向御善政ばかりと思し召さずとも、この間の事に過ぎつる御悪行御無道を少々やめ給ひて、人の歎きもやすまらんには、何しにかは今鎌倉殿も思し召し立つべき、

鎌倉公方は他に「有益の人」が出て来て、足利家の天下を取られるくらいなら自分が天下を奪おう

と決心して、天下万民のために謀反を起こしたのだという。了俊が言うには、鎌倉公方が挙兵を思い立ったのは、足利義満の政道があまりに人ごとに偏っていたからであった。義満が善政とは言えないまでも、悪行・無道を少々やめて、人の歎きを解消したならば、どうして鎌倉公方が出馬することがあろうかというのである。

ところで、この「有益の人」とは誰なのであろうか。鎌倉公方は、天下が足利家以外の人間にわたる可能性を本気で想定していたのであろうか。興味深いが、これ以上はわからない。

今川了俊の仲介

義弘は足利満兼の挙兵をあてにしており、満兼も明らかに義満に代わって「天下」を治める姿勢を見せていた。しかし、遠く離れた堺と鎌倉で、会ったこともない二人が同盟を結ぶことは不可能に近いことであろう。しかし、ここに東国にあって両者を仲介する人物がいれば、二人は結びつくことができる。その役割を果たしたのが今川了俊だったのではないか。了俊は先の大名間同盟の提案は聞き入れなかったが、この時は義弘の要請を受けて鎌倉公方との仲介役を務めたと思われる。了俊は応永二年（一三九五）に九州探題を罷免され、代わりに遠江半国の守護に補任されて東国へ帰っており、仲介役を務めることも可能だったであろう。

しかし、了俊は『難太平記』の中で、義弘の依頼に応じたとは思えないような記述をしている。『難太平記』によれば、了俊は九州探題を務めたことについて、特別将軍の信頼があついわけでもないのに、身のほどをわきまえずに引き受け、親類や家人を数百人討たせて、ついに面目を失い、本領さえも没収されてしまったという、むなしい感慨を吐露している。了俊は探題罷免に至る経緯について、大内義弘が探題になる大望を持ち、大友親世とともに了俊を引きずり降ろそうとしたのであり、あわせて、斯波義将が渋川満頼を探題とするために、策略をめぐらせたと記している。また、了俊は別の箇所でも、探題罷免が義弘の讒言によるものであることを主張している。

無念により、九州にても今度の事をも、内外ともに、大内が方便をもって、我々九州を離れき、これも申さば、公方の仰せの条々、みな相違の故に、一向（ひたすら）鎮西（九州）の輩は、我等が作事・私曲と心得る故に捨てられしかども、参洛して御尋ねにつき、明らかに申さば、中々九州の事安堵すべきかと存ぜしを、ついに御尋ねに預からずして、永々九州の人々には、我等が私曲と思ひ掠められたるにや、ただし、実によるべき事なれば、今は早御成敗の違ひ目とは、誰も誰も思ひ知りたるべし、まして、大内和泉に馳せ上りて、現形《げぎょう》（反乱のこと）の時は、最前に御所（義満）の我々に仰せありしは、大内が事、今御分（了俊）に落ち合うべき間、恥じ入りたりとこそ仰せありしか、誰も承り及びし事なり、

了俊が言うには、無念なことに義弘の「方便《ほうべん》」（讒言）をもって九州探題を罷免された。参洛した時に義満に説明をすることができたなら、九州の人々の誤解が解けたであろうが、ついに義満のお尋ねがなかったので、長く自分の不正によると思わせてしまうことになった。それでも、義弘が反乱した際に、義満が了俊に面と向かって、義弘の讒言をうのみにしたことを恥じ入ったと言い、自身の名

誉が回復されたことを自慢げに述べている。

このように、『難太平記』には繰り返し義弘の讒言に対する非難が記されている。その一方で、「ただ相構えて〳〵いよいよ公方を仰ぎ奉らば、などか国も所領も召さるべきと存ずるなり」というように、将軍に対してただ従順であれば、国も所領も没収されることはないとも記されている。了俊が『難太平記』の記述どおりの意識を持っておれば、義弘と鎌倉公方の仲介をし、自分も大名間同盟に加わるような姿勢を取ることはとてもないだろう。

さらに、了俊は自分は鎌倉公方と何ら関係はなく、反乱は義弘が一人で勝手に行ったことだと主張している。

大内（義弘）、和泉に攻め上りし時、我等野心の事かけても存ぜず、まして関東より一言も一紙も仰せを蒙りたる事なかりき、ただ大内申し行ひけるにや、諸方の人並の御教書とて持ち来らしかば、即時に上覧に及びしかば、さらに別心なかりしを、遠江国にて子ども・家人等、関東心寄せ申す故に遅参の由、人の申しけるにや、疑ひ思し召すと内々承り及びしかば、九州に身一人、海賊舟をもって遣はさるべしにてありし事なり、

了俊は、鎌倉公方から命令の文書は届いておらず、他の大名ももらったような御教書が届いた場合は、義満にお見せしているはずだと弁解している。また、了俊は、子どもたちが鎌倉公方に加担した

という風聞が遠江国に流れ、義満に疑われているという。そんなに疑うならば、自分を単身で海賊船にでも乗せて九州に流罪にすればよいと言い、了俊はひたすら身の潔白を主張している。

このような『難太平記』中に見られる了俊の弁明に関して、小川剛生は了俊の言葉の裏を読んでいる（小川剛生『足利義満 公武に君臨した室町将軍』）。小川氏の考えでは、義弘が義満批判を唱えて再び協力を求めた時、了俊はこれを受け容れ、かねて旧知の鎌倉公方との連絡に動いたというのである。たしかに、鎌倉公方が動くという手ごたえなしに義弘が挙兵するとは思えない。鎌倉公方を動かすにはしっかりとした仲介者が必要であろう。やはり、小川氏の分析のように、了俊が鎌倉公方との間を仲介したと考えた方がよいと思われる。そのため、了俊はその事実を隠すため、『難太平記』の中で、ことさら義弘への不信感を表明し、将軍への恭順の念を強調することによって、自己弁護に努めているのであろう。

なお、『応永記』には、義弘が家来から堺脱出を促された時に、「よしなき者の勧めによってこの事を思ひ立ち、運の尽きぬる上は何《いず》くまでか逃るべき」、つまり、つまらない者の勧めによってこの反乱を思い立ち、運の尽きたうえはどこへ逃れることができようかと言ったという記述がある。『応永記』の作者は、義弘が「よしなき者」と呼ぶ者によってそそのかされたことをにおわせているが、それは、了俊のことを指すのではないだろうか。「応永の乱」の発端をめぐる『難太平記』と『応永記』の記述をあわせ読むと、実は了俊と義弘は連携していたにもかかわらず、自分が不利な状況に陥ると互いに責任をなすり付けあっているように見えるのである。

2　堺籠城

反乱の意志

応永六年（一三九九）一〇月一三日、義弘は九州から戻り、堺に着いた。京都に平井新左衛門《しんざえもん》（平井道助の一族であろうか）を使いに出しただけで、自身は参洛しなかった。

一方、和泉・紀伊国には九州・中国の軍勢が充満して、義弘に野心の企てがあるという情報を耳にしていた義満は、青蓮院門跡に仕える伊予法眼を派遣して義弘に上洛を促した。これに対し義弘は、いろいろと思いがけない事情があって、参洛することができないと答えた。そこで、義満は一〇月二七日、詳しく事情を尋ねる必要があると考え、禅僧の絶海中津《ぜっかいちゅうしん》を特使として堺に派遣し、再度義弘に上洛するよう求めた。絶海中津は相国寺《しょうこくじ》の住持である。相国寺は義満が創建した臨済宗五山派第二位の寺であり、寺内には五山を統括する鹿苑院《ろくおんいん》や外交を司る蔭涼軒《いんりょうけん》が設けられ、幕府政治の中枢にあった。しかも、相国寺の第二世の住持は春屋妙葩であり、彼は義弘の父弘世に明使の趙秩を託した。つまり、絶海中津は五山の高僧であり、かつ義弘の父と密接な関係があった春屋妙葩の後継者であったのである。そこまで義弘が恐縮するような人物を使者に起用したのであるから、義満は最初から攻め滅ぼすつもりではなく、義弘を降参させることも考えていたのであろう。それでも、義弘は上洛命令について自分を誅殺する企みだと判断した。

義弘は絶海中津に対し、すでに義満の政道を諫めることを鎌倉公方と同心したので、上洛すれば鎌倉公方との約束を違えることになると返答し、上洛を拒んだ。この時義弘は、義満の政道を諫めること、かつ鎌倉公方と同盟を結んでいることを幕府側に表明したのである。実際、応永六年（一三九九）一一月、満兼は安芸国の武士や興福寺に御教書を送り、義満に対して挙兵することを要請しており、全国の大名・寺社にも同様の要請があったことが類推できる。『応永記』の記述どおりなら、義弘は九州から帰還する以前に鎌倉公方と同盟を結び、幕府からの上洛の催促を受けた時点で、早くも反乱の態度を表明したということになる。

和戦両様

「応永の乱」の主戦場は、幕府側に有利な和泉国堺の地であり、大内義弘は本国から遠く離れた土地で戦わなければならなかった。義弘は、「明徳の乱」の時の山名氏清とは異なり、いきなり京都に進軍したりせず、堺に籠城し、京都に圧力をかけることにした。九州から戻って来た当初、義弘の重臣たちには和戦両様の考え方が存在した。重臣の杉重運は、堺の浦を落ちゆくふりをしながら、八幡にある幕府軍を強襲し勝敗を決することを主張した。平井道助は、もともと謀反の無益さを諫めて来たので、表面では、和泉・紀伊国の人が幕府方に寝返らないように、堺を捨てないことを主張しながら、心中では、他国を攻めたりせず、このまま後で幕府に泣き付くことを考えていた。

戦いか和睦か、義弘は幕府に対してどちらの道を選ぶべきか考えていた。そして、どちらの道を選ぶこともできるのが堺という町のメリットだったと思われる。

以下では、当時の堺はどのような機能を持った町なのか、そして、義弘はどうして結局堺で籠城する道を選んだのかを考える。
なお、この当時の堺の様子、及び堺での大内氏の動向を記した文献は限られており、いわゆる軍記物である『応永記』とその異本である『堺記』が主たる分析の対象となる。

交通の結節点として

堺の町は、摂津と和泉の国境にまたがり、北半分が堺北荘、南半分が堺南荘と呼ばれていた。ラグーン（潟湖）を利用したような天然の良港とは異なり、大船が停泊できないため、砂浜に小船を引き上げていたと考えられている（仁木宏「戦国時代摂津・河内の都市と交通—中核都市・大坂論—」）。

堺はそこから大阪湾の南北に移動することが容易な港湾であった。先ず、北方向へは、尼崎方向へ移動するのに便利であった。次に、南方向へは、紀伊国の清水の浦（海南市冷水）にもつながっていた。明徳の乱ののち、紀伊国に残っていた山名義理は、清水の東の浦から海上に脱出し（『明徳記』）、四国の阿波方面への脱出をはかっている。

堺は陸上交通の結節点でもあった。図「堺を中心とする町・道・城」のとおり、中世堺の町中を熊野街道が通り、長尾街道、竹内街道、西高野街道もこの町に合流している。熊野街道は紀伊国へ、長尾街道及び竹内街道は河内国を通って大和国へ、西高野街道は河内国を通って紀伊国高野山へ通じている（『堺の歴史—都市自治の源流—』第二章）。つまり、堺の港湾としてのメリットは、陸上交通路へのアクセスの良さにあった。これらの街道は南朝支配地域である河内国及び大和国（特に吉野）につながっており、堺を征する者は南朝と交渉する力を得ることができるのである。

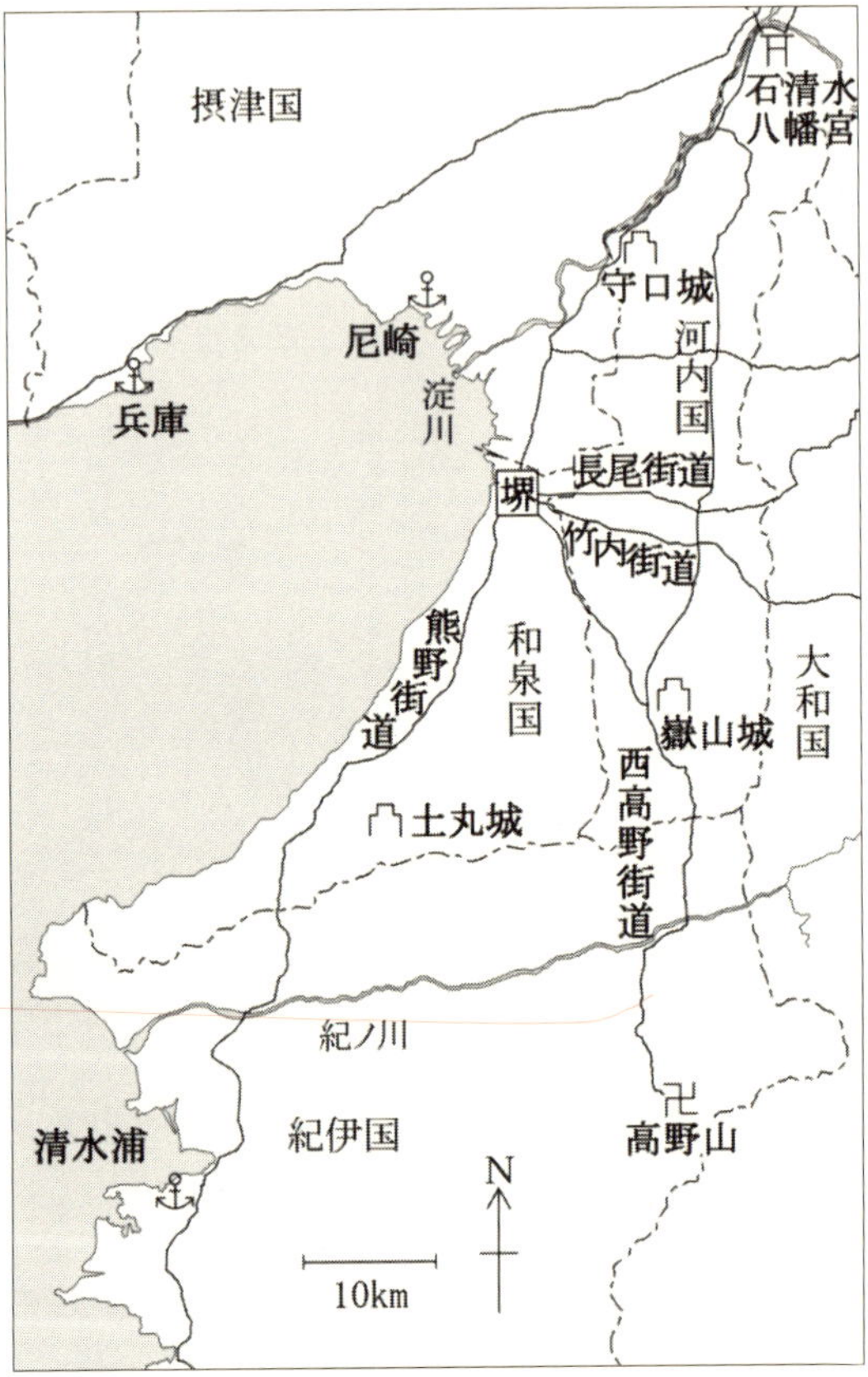

堺を中心とする町・道・城

このように、堺は海陸の交通の結節点として機能する重要な町であったので、南北両朝の間で争奪戦が繰り返された。やがて、北朝が堺を支配するようになると、永和四年（一三七八）に山名氏清が和泉守護になって以降（『愚管記』・『後愚昧記』、『堺市史』第四巻　資料編第一）、守護所（国の中心的都市）

堺環濠都市遺跡（南の空から見た眺め）

は、それまでの府中（和泉市）から堺に移された。

なお、中世から近世にかけての堺の町は、「堺《さかい》環濠《かんごう》都市《とし》遺跡《いせき》」として南北約三キロメートル、東西約一キロメートルの範囲が指定されている。現在、大坂夏の陣以前の道路及び環濠の発掘が進み、中世の堺の町の姿が明らかになりつつあるが、南北朝期に遡るような発掘箇所は限られている。中世の幹線道路で南北方向の「大道」（紀伊国へ向かう）と東西方向の「大小路」（長尾街道につながる）の交差点付近の開発が古く、この範囲内に「応永の乱」の時に焼けた地層が発掘されている（『よみがえる中世都市堺―発掘調査の成果と出土品―』）。

堺城の様子

義弘は堺の町に城を構え、たてこもった。幕府方に参戦した能登国の得田章光という武士は、軍忠状の中でこの城を「堺城」と呼んでいる（得田文書、『堺市史』四　資料編第一）。幕府軍は、このくらいの平城は一気に攻め落とすことができると言っていることから、この「堺城」は平地に建てられた城であることがわかる。おそらく和泉の守護所である義弘の館を改造したものであろう。堺の町は砂丘上に立地しているため、地形の険しさを利用したような山城を構えることはできない。そのため、幕府軍にはこの城を一気に攻め落とすことができるように見えたのであろう。

しかし、義弘は二つの点で、平地上の城の脆弱性を補おうとしていた。

一つ目は、湿地帯を利用することである。幕府軍が「南北の三方」に布陣していることや、城の東側は深田であることから、当時の堺の町の東側は湿地帯であり、足場が悪くて陣地にできないことがうかがえる。たしかに、現在の「堺環濠都市遺跡」の北東部は、砂丘と百舌鳥古墳群の丘陵に続く段丘とにはさまれて土地が低く、当時は後背湿地となっていたと考えられている（『茶道具拝見—出土品から見た堺の茶の湯—』図一「慶長二〇年以前の堺の町」）。西方は大阪湾であり、東方も湿地帯で守られることから、大内軍は北と南の守りに徹することになる。

二つ目は、防禦のための設備を多数構築し、敵兵がたやすく進入できないようにすることである。実際、堺の城は、木戸（城の入口）が「一の木戸」から「三の木戸」まであり、そこを入口とする郭《くるわ》（城の内部構造）が三重になっており、郭に引きいれた敵を徐々に消耗させる構えとなっていた。さらに、義弘は、数百人の番匠《ばんじょう》（大工）を動員し、井楼《せいろう》（敵陣偵察のため組み立てたやぐら）四八か所と櫓《やぐら》

一、七〇〇か所を構築し、東西南北あわせて十六町（一・七キロメートル）にわたって防御をめぐらせている。

義弘は大内氏が和泉・紀伊両国の住民の支持を得ているうえ、兵粮《ひょうろう》と材木が多い地域なので、堺では思うように要害を構えることができると城の整備に自身をのぞかせている。また、城を見廻り、この中に五千余騎を籠めたならば、たとえ数百万騎の軍勢でも打ち破ることはできないと喜んだという。堺の城は義弘にとって自慢の城だったのである。

防衛拠点の準備

しかし、砂丘に立地していた堺城は、根本的に防禦性に難があるため、城の周囲にも、いく重にも防衛拠点を用意しておく必要があった（図「堺を中心とする町・道・城」参照）。『応永記』から、堺城の周辺に四つの城が配置されていたことがわかる。

①森口（守口）城（守口市）

ここは、京都方面への備えである。

②高（嵩）山城（富田林市）

河内国方面の敵に対する備えであり、嶽山《だけやま》城とも記され、別名は東条城である。ただし、『応永記』・『堺記』ともに、嶽山城と東条城は別の城であると考えているようである。この城はかつて楠木氏が河内における最も重要な拠点とした城であり、ここを拠点として頑強な抵抗を行った南朝方の武士は、幕府方から「東条凶徒」と呼ばれ恐れられた（『大阪府史』三）。ここを左右できるということは、義弘が楠木氏を従えているということである。堺における合戦の評議において、義弘の弟である新介弘茂は、河内の高山（嵩山）を討ち取り、東条土丸のあたりに陣取って、和泉、紀伊国を支配すれば、五年、一〇年であっても味方が困ることはないと主張している。

③土丸城（和泉佐野市）

和泉・紀伊国境の備えである。和泉国最大の要衝とされ、かつては南北両朝の間で争奪戦が繰り返された（『大阪府史』四）。文和二年（一三五三）にこの城を陥落させた南朝方が、観応の擾乱に乗じ、勢いづいて京都へ進撃したことがある。その後幕府方の和泉守護となった山名氏清は、康暦二年（一三八〇）にこの城を確保した。次いで明徳の乱の際に、大内勢の別動隊が攻略し、ここから山名氏の軍勢を排除している。山名氏の残党を排除することは困難な作業であったであろう。しかし、これを義弘が遂行できたということは、義弘が短期間で和泉・紀伊両国内に自己の勢力を扶植できたということを意味する。

④守主山《もずやま》（鵙山《もずやま》とも言う。堺市）

地名から、堺の東方に位置する「百舌鳥《もず》」と呼ばれる丘陵地帯に相当すると思われる。しかし、この丘陵地帯は平坦であり、そこに軍勢が立て籠もることができるような高地は見当たらない。そうすると、守主山（鵙山）は山城ではなく、いわゆる百舌鳥《もず》古墳群に含まれる古墳が城郭に転用されたものなのではないだろうか。

3 戦いの始まり

全国の反幕府勢力

義弘が在京中に到達した保身の戦略は、将軍に侮られないよう、大名間で同盟を結成することであった。義弘が最も頼りとする今川・大友両氏との大名間同盟を結ぶところまではいかなかったが、できるだけ多くの勢力を結集するという義弘の対幕府戦略は、「応永の乱」で全国の様々な勢力を反乱軍側に組織することにつながっていくのである。

実際、『応永記』には、応永六年（一三九九）一一月、幕府に不満を持つ諸国の勢力が義弘に呼応して蜂起したと記されている。

一つ目の勢力は、諸大名の一族の中にいる不平分子である。美濃では土岐詮直が七百余騎で美濃国に侵入した。義弘にとって、このことは、幕府側の美濃守護である土岐《とき》頼益《よります》を堺の戦線から離脱させるのに効果があった。丹波では、明徳の乱で滅びた山名氏清の子である宮田《みやた》時清《ときさよ》と山名《やまな》満氏《みつうじ》が三百余騎で挙兵し、幕府に対して亡父の仇を討とうとした。近江では、守護京極高詮の弟の満秀が蜂起し、五百騎で近江の勢多の橋を攪乱した。

二つ目の勢力は、南北朝合体交渉の途上で義弘が懐柔したと思われる旧南朝方の武士たちである。いよいよ堺落城の際には、河内の楠木氏の二百余騎が大和路を落ちて行き、肥前の菊池氏は行方知らずになっていることから、楠木氏と菊池氏も義弘の反乱軍に加わっていたことがわかる。

義弘は、このような幕府への抵抗勢力が諸国に現れることを期待して堺に籠城した。けっして「孤立」した勢力になって、たやすく幕府軍に屈するつもりはなかったのである。

幕府軍の編成と戦術

『応永記』によれば、応永六年（一三九九）一〇月二八日、絶海中津は堺から京都にもどり、義満に義弘の返答を詳しく報告した。義弘と鎌倉公方との同盟が露見し、義満は義弘の陰謀を確信した。

義弘を討伐することを決意した義満は、堺を攻める幕府軍の編成に取りかかった。先ず、義満は寺社に祈禱を命じた。密教の修法《しゅほう》によって義弘に仏罰をあてようというのである。「五壇法記」（『県史』史料中世1）には、『応永記』で絶海中津が京都にもどったとされる日付よりも、なぜか一日早い一〇月二七日、義弘の「治罰御祈」のため、義満が天台宗寺門派（三井寺派）の僧に、大掛かりな修法である「五壇法」を命じたと記されている。寺門派は足利氏と親密な宗派である。さらに、義満が八幡まで出陣すると、重ねて密教修法が行われた。

次に、義満は諸国の武士や寺院に動員をかけた。彼は、一〇月二八日から順次、毛利氏などの中国の武士、島津氏などの九州の武士に義弘治罰《ちばつ》の文書を送った。義満は、先に義弘から加勢を要請された興福寺にも、一一月三日、伊勢国司北畠顕泰の後詰《ごづめ》として出陣することを求めている（「寺門事条々聞書」、前出）。

そして、最後に義満は、主力部隊として足利一門を中心とする在京諸大名の軍勢を整えた。細川頼元、京極高詮、赤松義則から成る総勢六千余騎を和泉に出動させ、義満自身は、一一月八日、馬廻の二千余騎とともに東寺に陣取った。そのほか、畠山、斯波、吉良、渋川、一色などの足利一門大名、土岐、佐々木、富樫、河野などの外様大名から成る三万余騎の軍勢がいた。同一四日、幕府軍は八幡に陣を移動し、さらに、そこから和泉国へ向かって進軍して行ったのである。

幕府軍の堺攻めの戦術は、大内軍の防禦の裏をかくことであった。城の西方では、管領細川氏の領国である四国と淡路の海賊船百余艘が、守りの手薄な大阪湾から攻め寄せた。東方では、湿地帯が進攻を阻んでいたが、一色軍と今川軍が深田に切った草を埋めて道を作り、城への進攻を可能にした。さらに、幕府軍は、左義長《さぎちょう》（小正月に燃やす竹製の飾り物）に火を付けて倒し、四十八か所もあった井楼や千七百か所もあった櫓を焼き払い、城の防御機能を奪ったのである。こうなると、堺城自体の脆弱さが露わになる。そこで、義弘は堺周辺の防衛拠点を放棄して堺城に兵力を集中させるよう方針を変え、森口城で今川上総入道・結城越後入道と交戦中であった杉九郎や、守主山《もず》（鵙山）の守備隊であった杉備中守を堺に呼び戻した。

義弘の誤算

今や堺城は幕府軍によってその弱点を突かれようとしていた。せっかく和戦両様に対応できる条件を備えていたにもかかわらず、義弘は籠城することもできず、反撃することもできず、そこから脱出して国元に帰ることもおぼつかなくなってしまった。

本来堺城は、京都への進軍を回避することができる位置にあり、また、情勢が有利にはたらけば、義弘の傘下の海賊衆を使って淀川を攻め上り、京都方面の幕府軍を攻めるのにも便利であったと思われる。そして、堺の町と城は防禦に難点はあるが、防禦設備を強化することによって、ある程度の期間は籠城も可能であり、いよいよ幕府軍に城を打ち破られた場合は、大阪湾から瀬戸内海を通って本国に逃げるのにも便利だと考えられていた。

このような堺の立地条件を活用して、義弘はここに布陣したのであろう。義弘はたやすく攻め落とされない城を用意して、義満が譲歩してくることを期待していたのである。ただし、この籠城作戦が成功するには、鎌倉公方が関東から京都を脅かすとともに、諸国に反乱勢力が蜂起することが必須であった。しかし、本来山城ではない「堺城」の城郭としての防御性能を考えると、そこに長期間立て籠もることはできないだろう。

堺城は、構築された防禦設備を焼かれてしまえば軍勢の侵入を防ぐことができないという弱点があり、ここに義弘の誤算があったのではないだろうか。あるいは、堺城の弱点を知りながら、籠城の間にきっと義満の譲歩を引き出せるという確信から、城の防禦性能にそれほどのこだわりを持たなかったということであろうか。

4　義弘の最期

「天命」の責め

彼はこの「謀反」について、「一旦《いったん》の恨みをもって相公（義満）の御高恩を忘れ奉るの間、天命の攻《(責)》め遁《のが》るべからず、運命尽きぬる上は討ち死にせん事必定たるべし」と言っていた。一時的な恨みで将軍の御恩を忘れ奉ったのであるから、天命の責めは遁れることができないと考え、運命が尽きたうえは討ち死にしかないと覚悟を決めていた。そして、帰依している僧を呼び、生前に葬儀を調え、四十九日の仏事も懇ろに執り行った。この時、義弘は謀反人である自分は「天命」に背く存在であり、「天命」によって滅ぼされると考えたのである。

義弘は今生《こんじょう》の思い出として、千句の連歌を賦し、百首の和歌を詠じた。そして、家臣たちにも最後の遊びとして昼夜通して酒宴をあげ乱舞させた。義弘は、周防国に残していた七十歳余の老母に、自分の形見と文を送るなど、母や妻に形見を遣わした。周防にいる弟の盛見の方へも、こちらの合戦はどうであれ、分国を固く保つようにと書き送った。家臣も皆討ち死にする用意をし、彼らは「殺人刀、活人剣」や「利剣即是弥陀号」といった禅宗の教えを唱えつつ心を鎮めようとしていた。

義弘の戦死

一二月二一日卯時から幕府軍の一斉攻撃が始まり、義弘は最後の戦いに臨んだ。彼は白綾綴《しらあやつづり》の腹巻を着け、二年来秘蔵した鴇毛《ときげ》の馬に金覆輪《きんぷくりん》の鞍を置いていた。身命を惜しまず、好みの大太刀を振るい、「入方払」などという兵法の手を尽くして敵を斬りまくった。義弘は斯波氏の軍勢と対戦した際、命令する時にものが言いにくいからと頬当《ほおあて》をしていなかったため、鼻と口の二か所に傷を負ったが、それをものともせずに戦った。

義弘の最後の敵は管領畠山基国の子満家であった。義弘は満家を見かけ、わずかに三十騎ばかりで攻めかかった。ところが、義弘の後ろに控えた石見の国人《こくじん》二百余騎は、すでに幕府方に内通しており、畠山氏側に寝返った。義弘がこれを見て怒り、大長刀を振るって跳びかかると、石見の国人は、義弘の威勢に恐れ、二町（二百メートル）ばかり退いた。そして、義弘はなおも満家を討ち取りにいったが、逆に満家は百余騎で義弘を取り囲んだ。この時、義弘に従う者は森民部丞ただ一人であり、義弘と民部丞は、互いに自分が先に死のうとかばいあった。最後に、義弘は深手を負い、一日中続いた合戦のため力が尽きてしまった。

その時、義弘は「天下無双の名将大内左京権大夫義弘入道ぞ、吾れと思はん者ども、討ち取りて相公（義満）の御目に懸けよ」と大声をあげ、敵軍に突入した。義弘はここで討ち死にし、畠山満家は義弘の首を取った。

一二月二三日、義満は義弘戦死の報告を受け、八幡から京都に帰還した（『五壇法記』、前出）。ここに義弘の反乱は幕府方の勝利で幕を閉じたのである。

5 反乱の真相

義弘はどうしてこの反乱を起こしたのか。義弘の心中を思いながら、反乱の真相を考える。

義弘は足利義満の政策については、外様大名を粛清する方向にあることをよくわかっていたであろう。自分自身については、義満に特別な貢献をしたと自認しているので、自分は義満から敵視されないのではないかという楽観論を持っていたかもしれない。その一方で、祖先は百済から渡来し、妙見に守護された特別な存在であるという由緒を心の支えにして、義満に対抗しようとしていたであろう。

そして、義弘は義満を唯一絶対の存在から引きずり降ろすように、心の中で義満を恐れない認識を持ちつつあったと考えられる。

それは、先ず、義満をその乱暴な政道により「天命」に背く存在であるとみなし、次に、鎌倉公方という新たな主人を戴くことによって、たとえ義満に刃向っても、その行為が「謀反」ではないという認識に至ったと考えられる。

義弘は九州から帰還しても、一気に京都に攻め上ることはなかった。もし、京都を襲うなら明徳の乱の時の山名氏のように、八幡あたりに布陣したであろう。しかも今回は、義弘自身が京都を制圧するのではなく、上洛して義満を諫めるのは鎌倉公方であるという建前があった。

義弘は一〇月一三日から堺に籠城した。上洛の催促を拒否したのには二つ理由があり、一つは「不忠」と称して義満に殺される危険があること、もう一つは鎌倉公方と同盟していることを宣言したからである。この時点での義弘の計算は、うまくいけば幕府の主を鎌倉公方足利満兼に交代させる、あるいは将軍の首をすげかえることができなくても、義満の譲歩を引き出すというものであったと考えられる。義弘は義満という人物が相手を見て態度を変えることを知っていたので、義満が自身の不利を悟ったら、自分を九州探題に補任するような条件で和睦を提案してくると考えていたのではないだろうか。

一〇月二八日、義弘は鎌倉公方御教書に文書を副えるかたちで、興福寺に対し挙兵を呼びかけている。一一月二一日、鎌倉公方足利満兼は、軍勢を鎌倉から足利へ移し、出陣の準備を始めた。一一月中には、諸国で反幕府勢力が相次いで反乱を起こした。足利満兼が新たな主人になれば、義満に刃向うことは「謀反」ではない。あわせて諸国で反幕府勢力がいっせいに蜂起すれば、義満が「天命」に見放されたことを演出することになり、義弘の反乱は「謀反」の色彩が薄まっていく。

義弘は在京中から大名間同盟を画策して来た。在京大名のうち足利一門からは相手にされず、今川了俊からも格下に思われていた。義弘は大内―大友―今川の三者同盟を提案するが、了俊に受け入れられず、この時は義満への抵抗勢力を結成することはできなかった。そこで、義弘は応永五年（一三九八）に九州に出兵したあたりから、新たな将軍として鎌倉公方をかつぎ出し、諸国の不平分子に反乱を呼びかけることに方針転換をしたのであろう。

しかし、事態は義弘の期待とかけ離れた展開を遂げる。結局、義満は義弘に妥協せず、義弘の討伐を決定し、足利満兼は挙兵に踏み切ることをせず、諸国の反幕府勢力は鎮圧されていった。こうなると義弘は孤立し、義満への反乱は「謀反」としか言いようがなくなるのである。足利満兼が上洛せず、諸国の反乱が鎮圧されたことは義弘にとって大きな誤算であった。

このような窮地に追い込まれると、義弘は、降参すること、堺から脱出すること、決戦に臨むことという三つの選択肢から一つを選ぶことを迫られた。

先ず、もはや降参を選択してもタイミングが遅く、義弘にとって非常に不利な条件でしか交渉できなかったであろう。次に、堺からの脱出は最初から想定されていたことであり、可能ではあったが、義弘はあえて脱出することを選択しなかった。結局、義弘は、「一旦《いったん》の恨み」から義満の恩を忘れてしまったので、「天命」の責めを逃れることはできないと考え、討ち死にを覚悟したのである。

一時的に義満が自分を裏切ったと思い込んだことで、このような悲劇的結末を迎えてしまったことに義弘は後悔の念を抱いたことであろう。もしかすると、在京し、和泉・紀伊という京都に近い領国を得たことが義弘の感覚を狂わせたのかも知れない。国元にとどまっておれば、義満のわがままな振る舞いを気にすることもなかったであろう。義弘は個人的な義憤から義満の「政道」そのものを変えようとしたが、彼は義満への批判を、戦場で駆け回ることでしか表現できなかったようである。生来の「勇士」である義弘には、どうしても「謀反」以外に義満を懲らしめる方法は見つからなかったのであろう。

第八章　義弘亡き後

1　乱の余波

義弘が堺で戦死したのち、彼の一族や家臣たちはどのようになったであろうか。

一族及び家臣の動静

義弘は戦死する直前、周防国に残していた母や妻に形見を送っているが、その後彼女たちがどのような運命をたどったかはまったくわからない。そして、義弘の子どもには持世《もちよ》・持盛《もちもり》・教祐《のりすけ》がいたが、幼少のためしばらくは動静がわからない。

「応永の乱」の戦後処理で、幕府は義弘の領国のうち、和泉を仁木義員《にきよしかず》に、紀伊を畠山基国《はたけやまもとくに》に、石見を京極高詮《きょうごくたかあきら》に与えた。幕府は大内氏の本拠である周防・長門両国を取り上げることまではしなかったが、大内氏一族のうちで幕府に忠実な者を守護にすえようと目論んでいた。

「応永の乱」の際、義弘の弟のうち、弘茂は堺に籠城し、盛見は国元にいた。弘茂は堺城の東の陣を固めていたが、最後は幕府に降参した。弘茂は早くから義弘の後継者として中央で名が知られていたこともあり、幕府に従順であるとみなされ、周防・長門両国の守護に補任された。

これに対し、盛見は家臣たちを糾合し、国元に下向した弘茂に領国を明け渡さなかった。応永八年（一四〇一）、盛見は弘茂を長門国府の盛山《さがり》（下山）城に攻めて滅ぼし（『長門国守護代記』、前出）、周防・長門両国を実力で平定することに成功した。この状況を見て幕府は盛見を退けることをあきらめ、翌応永九年（一四〇二）までに盛見を周防・長門両国の守護として追認した。

家臣で特に注目すべきは平井道助であり、彼は乱ののち、数奇な運命をたどる。堺落城の際に大内弘茂が切腹しようとするのを制止した上、弘茂を説得して幕府に降参するように促したのは道助であった。もともと義弘が生前に弘茂を後継者に指名していたが、道助は義弘の遺志に従い、幕府との交渉に尽力し、弘茂の家督を認めさせようとした。

しかし、結局、弘茂を支えきることはできず、弘茂が滅ぼされたあとは京都に上り、今度は足利義満に仕えた（小川剛生前掲著書）。中央で彼が必要とされたのは、今川了俊や二条良基《よしもと》といった代表的な連歌作者から連歌の才能を褒め讃えられるほどの文人であったからであろう。

今川了俊のその後

今川了俊は、「応永の乱」の際は東国にいた。すでに応永二年（一三九五）に九州探題を罷免され、義弘との縁は切れていたはずなのに、鎌倉公方の挙兵に加担したのではないかと幕府から疑われた。そのため乱の翌年応永七年（一四〇〇）にあやうく追討されそうになったが、甥の今川泰範が了俊の助命を嘆願し、了俊が上洛して義満に詫びることでなんとか事態は収まった（川添昭二『今川了俊』）。

実は、小川剛生は戦国時代に記された『鎌倉大草紙』（前出）を分析した後、了俊と同時代の「吉田家日次記」をもとに、了俊が相模国藤沢に移住し、鎌倉公方の援助を受けていたこと、そして義弘と鎌倉公方を仲介したことを明らかにしている（小川剛生前掲著書）。やはり、了俊は義弘の意向に沿うかたちで、鎌倉公方をそそのかしていたのである。

了俊にとって、義弘はかつて九州探題罷免のきっかけを作った相手であるが、その義弘に協力するのは、了俊もそれほどまでに幕府に不満を抱いていたからであろう。

その不満とは、九州探題の罷免の埋め合わせが、甥の泰範の領国である駿河と弟の仲秋の領国である遠江から半分ずつを了俊に割き与えるという、悪意のある措置であったことである。了俊にはこの措置が今川氏一門の内紛の火種となるものであり、大名家の内部を仲たがいさせて勢力を削ぐ義満一流の策略であることがすぐにわかったであろう。案の定、甥の泰範はこの措置に不服をとなえ、駿河半国を返還するよう幕府に訴えた。九州探題を奪われた上、駿河半国も奪われかねない事態に至り、了俊は義弘と鎌倉公方に手を組ませ反乱を起こさせることで、義満の酷い仕打ちに仕返しするつもりだったのであろう。

ところが、了俊はこの人生最後の賭けも当てがはずれた。鎌倉公方は決起せず、義弘も滅んでしまった。そのうえ、自身に乱に関与した嫌疑がかけられ、甥の今川泰範に助命を嘆願してもらったことにより、泰範の駿河半国の返還要求をのまざるを得なくなった。さらに、了俊の弟仲秋の領国である遠江半国までも泰範のものになってしまった。

自身の非力を思い知らされた了俊は、義満に許されてのち、もはや政治的な活動はせず、京都に住んで文芸活動で余生を送った。こうなっては、義満に叛意を抱いた事実を隠ぺいするため、ことさら将軍に対する忠誠心をアピールする必要があったのだろう。応永九年（一四〇二）、七十七歳で『難太平記』を書き上げ、その中で「応永の乱」は義弘ひとりが起こしたことであり、自分は関与していないと主張している。

乱と関係付けられた人々

鎌倉公方足利満兼は、いったんは下野国足利荘で兵を集めたが、義弘戦死の知らせを聞くと、応永七年（一四〇〇）三月五日、鎌倉に帰還した。そして、六月五日、幕府との和睦の意を籠めた願文を伊豆の三嶋神社に奉納し、幕府に帰順する態度を明確にした。そのため、幕府も満兼に対しては叛意を追究することはなかった（田辺久子前掲著書）。

一方、京都《きょうと》では、妙心寺《みょうしんじ》の住持である拙堂宗朴《せつどうそうぼく》が大内義弘と親しかったという理由で、足利義満によって青蓮院《しょうれんいん》（天台宗の有力門跡寺院）に幽閉された。あわせて妙心寺の寺領も没収され、青蓮院に与えられたので、妙心寺は中絶してしまったという（川上孤山著・荻須純道補述『増補　妙心寺史』）。

妙心寺は花園天皇の離宮がもとになった臨済宗の名刹である。近世になると、臨済宗の中心的な存在へと地位が上昇するが、義満の時代は、宗派内での地位はそれほど高くなかった。幕府は臨済宗の中でも特に五山派を優遇しており、妙心寺は五山派に属していなかったからである。妙心寺が中絶した事件を大内義弘と関係付けているのは、江戸時代に編纂された『正法山妙心禅寺記』であり（荻須純道『正法山六祖伝訓註』）、江戸時代の文献だけで義弘と妙心寺の関係を特定することは危うい。

しかも、義弘は大内の乗福寺の場合がそうであるように、五山派の人的ネットワークを活かし、幕府との親密な関係を築こうとしており、わざわざ五山派以外の禅寺と親密になるとは考えにくい。とはいえ、妙心寺が義満から厳しい処分を蒙ったことは事実である。おそらく義弘との密接な関係という適当な理由を付けて、義満はこのような処分を断行したのだろう。そうすると義満が妙心寺から寺領を奪った本当の理由は、妙心寺のような五山派以外の臨済宗寺院を整理するためであり、かつ義満の子で青蓮院主であった義円《ぎえん》（のち還俗して将軍義教となる）に資産を与えるためであったと推測される。

このほか、義満の不興を買って二条摂関家も没落した。このことについて、小川剛生は、義弘の和歌・連歌の直接の師匠は今川了俊であるが、流儀としては二条良基流であり、二条良基・師嗣父子が義弘と親しかったせいであろうと述べている（小川剛生前掲著書）。このように義弘に親しい者は、たとえ摂関家でさえ義満に追い詰められていったのである。

最後に、謎の多い師成《もろなり》親王という人物に触れておきたい。親王は南朝の後村上天皇の皇子であるが、山口市内に師成親王の墓と伝えられている墓石がある。明治時代に近藤清石《こんどうきよし》によって編纂された『大内氏実録』には、師成親王が義弘とともに堺に籠城し、そのあと周防国に下向したと記されている。しかし、『大内氏実録』に引用された『南朝編年紀略』には誤りが多く、義弘と師成親王の関係は見出せない（米原正義「大内氏と師成親王」）。師成親王の堺籠城は『応永記』にも記されていないことであり、結局、義弘が南朝の皇族を味方に引きいれて自己を有利にしようとしたような形跡は見られない。

2　その後の大内氏

繁栄から滅亡へ

義弘の後継者たちも幕府の軍事力を支え、その見返りとして新たな守護職を獲得していった。特に盛見から持世にかけての時代に筑前守護となり、博多を手中に収めたことは、その後の大内氏の繁栄を決定付けた。以後、東は周防・長門、西は豊前・筑前というように関門海峡の両側に領国を配し、博多湾から関門海峡にかけての海域を支配したことで、大内氏は東シナ海から瀬戸内海にかけて、広くヒトとモノの流れをコントロールできるようになったのである。

加えて政弘の時代になると、大内氏は、「応永の乱」の戦後処理で奪われた石見守護職を取り戻し、以後石見銀山の開発を進めていった。

また、従来、〝大内氏は博多商人と結び、細川氏は堺商人と結んだ〟と言われてきたが、和泉国の守護職は取り戻せなかったものの、大内氏は堺との関係を失ったわけではなかった。教弘の時代に大内氏が遣明船を派遣するようになると、博多商人だけでなく、堺商人もこれに参加するようになった。

また、明と交渉する際の通訳として、博多の禅僧とともに堺の禅僧も活躍していた（伊藤幸司「大内氏の日明貿易と堺」）。

政弘・義興・義隆三代の大内氏は、石見銀山の開発と東アジアとの交易による豊かな経済力を軍事と文化の両面に活かしている。政弘は応仁元年（一四六七年）から文明九年（一四七七）まで、西軍の主力として「応仁・文明の乱」を戦った。義興は永正五年（一五〇八）に将軍足利義尹《よしただ》（義材《よしき》）を擁立し、同一五年（一五一八）までの十一年間、京都にあって幕府を動かした。義隆は少弐氏を滅ぼして北部九州を征圧し、安芸に進出して尼子氏の南下を阻んだ。また、政弘から義隆に至る時代、歴代当主は、「応仁・文明の乱」で荒廃した京都から山口に下向して来た多くの貴族や文人のパトロンになっていた。とりわけ政弘が画僧の雪舟《せっしゅう》を後援し、連歌師の宗祇《そうぎ》を長く滞在させていたことは有名である。常栄寺《じょうえいじ》（山口市）の雪舟庭は、政弘が雪舟に命じて築かせたと伝えられている。

常栄寺雪舟庭（提供：河野康志氏）

大内氏は、一族で守護職を分けることはなく、原則として家督にある者が全領国を独占した。そのため、代が替わるごとに家督の座を求めて争いが起こり、大内氏はその繁栄の裏で次第に同族間の争いに精力を削がれていった。義弘が戦死したのち、盛見も戦死し、持世は「嘉吉の変《かきつのへん》」で将軍義教《よしのり》とともに赤松氏に殺され、教弘は京都からの帰途で急死している。そのため当主の交代はスムーズにはいかず、後継者はその都度実力で競争相手を滅ぼし、家督の地位を勝ち取らねばならなかった。中でも、盛見と持世の場合は後継者争いが熾烈であったのではないだろうか。盛見は兄弟の弘茂と介入道（道通）を、持世は兄弟の教祐と持盛だけでなく、叔父の満世も排除しなければならなかった。政弘と義興の場合も、すんなりと家督を相続できたわけではなく、幕府など外部の勢力の策謀により、政弘は叔父の大内教幸《のりゆき》（道頓）と、義興は弟の高弘《たかひろ》（興隆寺尊光）と争わねばならなかった。

大内氏の栄華の幕切れはあまりにあっけない。最後の義隆の時代、大内氏は義弘の頃と比べ物にならないほど勢力圏を拡大し、東は出雲の尼子氏、西は豊後の大友氏と境を接するまでになっていた。にもかかわらず、天文二〇年（一五五一）、陶晴賢《すえはるかた》が反乱を起こすと、義隆をはじめとする大内氏一族は反撃もできず、長門国大寧寺《たいねいじ》に追い詰められ、滅亡してしまった。この後、安芸の毛利氏が晴賢を厳島の合戦で滅ぼし、大内氏に代わって周防・長門両国を支配するようになる。

拡大した領国を支配するにふさわしい活力を持った当主がいなくなった時、大内氏は歴史的役割を終えたのである。結局、毛利氏の「三本の矢」の故事に象徴されるような、一族が協力して家督を支えるシステムを大内氏は最後まで持つことができなかったということであろうか。

祖先伝説の進化

すでに義弘の時代に、大内氏は朝鮮王朝から権威を獲得し、妙見に守護されていることをアイデンティティーとしていた。義弘の後継者たちも〈大内氏の祖先は百済から渡来した〉、〈大内氏は妙見という守護神に守られている〉という由緒を柱として祖先伝説を進化させていった。

先ず、盛見はかつて長弘流によって焼かれた興隆寺本堂を再建し、応永一一年（一四〇四）、供養の法会を大々的に執行した。その際、盛見は〈百済から渡来した祖先〉の名前を「琳聖太子《りんしょうたいし》」であると表明し、太子が実在した証として多々良荘にある古墳（現在の車塚古墳）を墓所と定め、太子を「祖神」と崇めた。

教弘から政弘にかけても、義弘の時と同様に大内氏のルーツの調査を朝鮮王朝に依頼している（『李朝実録』）。特に政弘は、朝鮮王朝に働きかけて祖先に関する伝承にお墨付きをもらい、その内容を文明一八年（一四八六）年に「大内氏家譜写」（『防長寺社由来』三　山口宰判御堀村興隆寺真光院）にまとめた。

この中で重要な要素は、一つは〈妙見が琳聖太子を守護するために下降した〉ことである。すなわち、妙見が琳聖太子を守護するのであれば、琳聖太子の子孫とされる大内氏にとっても妙見が守護神となったということである。もう一つは〈大内氏が鷲頭山妙見社から妙見を興隆寺境内の氷上山興隆寺に勧請した〉ことであり、興隆寺が大内氏の妙見信仰にとっての中心に位置付けられたという証である。

政弘の時代に初めて氏神（妙見）が祖先（琳聖太子）と結び付けられた上、妙見と興隆寺の関係も表明され、大内氏の祖先伝説が体系化されたのである。そして、政弘は義弘と同様に、「応仁・文明の乱」の際、妙見の加護を得るため京都の陣中に勧請している。

妙見とは

では、大内氏が祀った妙見とは、どのようなものなのであろうか。

鎌倉末期以降、日本人は中国道教の真武神《しんぶしん》を妙見に見立て、妙見信仰は真武神の影響を受けたかたちに変容した（坂出祥伸「呪符と道教—鎮宅霊符の信仰と妙見信仰」）。真武神とは玄武が唐末五代に人格化されたもので、その形は特異であり、披髪（ざんばら髪）に跣足（はだし）で、足下に亀蛇（玄武）をともなっている（二階堂善弘「玄天上帝信仰と武当道」）。大内氏と同様に妙見を氏神とした関東の千葉氏は、鎌倉時代後期から真武神的な姿をした妙見を盛んに図像や木像にしていたが、残念なことに大内氏の場合は、画像、木像いずれの作例も伝わってはいない。それでも、一つだけ大内氏がイメージしたであろう妙見の姿を知る手だてがある。

長享元年（一四八七）に、政弘が「鼈亀幷虵」（スッポン・カメ・ヘビ）は氷上山妙見のお使いなので鷹の餌にしてはいけないという禁令を出しており、これに背いた場合、侍は所領没収か追放、平民は拘留か死罪という厳罰に処せられた（「大内氏掟書」）。この禁令から、大内氏がイメージした妙見の形は、それまでの菩薩の姿ではなく、亀蛇をシンボルとする、真武神的なものであったことがわかる。

また、大内氏の嫡子に付けられた幼名からも真武神の影響がうかがわれる。実は、政弘－義興－義隆の三代の当主は「亀童丸」という同じ幼名であった。「亀」の字は真武神のシンボルであり、妙見に守護されているということを表している。この幼名は、家督争いに苦しむ大内氏のしきたりとして、争いを回避するため、幼少期に嫡子を確定させる上、その若死にを防ぐ願いを籠めて名付けられたものである。

このような大内氏の妙見信仰を、目で見てわかるかたちにしたのが二月会《にがつえ》という法会である。

妙見信仰と二月会

教弘の時代までに、大内氏は妙見を祀るため、興隆寺で二月会という大規模な法会を営むようになっていた。「二月会」は、妙見の祭祀を中心に、領国支配の安定を祈願する行事であり、二月一三日が「結願《けちがん》」（法会の最終日）にあたる。義弘が、「明徳の乱」の直後、山名勢を一掃し紀伊国を平定するため、二月一三日に都を立ったのは、この日が二月会の「結願」であることと無関係ではないだろう。

興隆寺境内にある氷上山妙見社は「上宮」とも呼ばれ、ここに妙見が祀られていた。「上宮」は、大内氏の幼少期の嫡子である「若子《わこ》」だけが参拝を許され、僧以外の大人の俗人の立ち入りが禁止された、境内で最も厳しい禁忌のある聖域であった。二月会の期間中、「若子」は「上宮」に参籠し、当主の方は「若子」とは別の場所に籠り、ともに氏神に加護を祈願した。

一方、興隆寺境内の別の場所では、稚児による華麗な舞楽（舞童）と、大内氏家臣による勇壮な弓の競技（歩射《ぶしゃ》）が行われた。これを見物しに「甲乙人《こうおつにん》」と呼ばれる庶民が押しかけ、普段は境内に入ることが許されていない女性もやって来た。大内氏はこのような催し物によって、自己の威勢を領民に見せ付けていたのである。

また、二月会の費用と準備は家臣と領民で分担していた。大内氏当主は、二月会の参籠で神意を伺い、来年の二月会の「頭《とう》」（責任者）を鬮《くじ》で選んだ。その際、大内氏一族や家老級の家臣の中から「大頭」（最高責任者）が一人選ばれ、あわせて全領国のうちから二つの郡が「脇頭」・「三頭」という名目上の責任者に選ばれ、実質は郡内の領民が責任を負った。

二月会は、当主と嫡子による秘儀と、大内氏の威勢を見せ付ける催し物が組み合わされたものである。毎年繰り返して大内氏の支配を正当化し、家臣及び領民に大内氏への忠節を義務付ける意味合いの祭りとなっていた。妙見はもはや大内氏一族だけの氏神にとどまらず、大内氏領国全体の守護神という存在にまで高められていたのである。

国家の守護神

政弘の時代には、妙見を一大名の守護神からより大きな存在に進化させようという考え方も生まれた。京都の光明峯寺の僧であった智海《ちかい》は応仁・文明の乱によって焼け野原となった京都を逃れ、繁栄しつつある山口に身を寄せた。彼は特別な聖域である興隆寺の上宮への立ち入りを許され、ここで当主政弘の安穏や将軍の息災を祈願し、さらに鎮護国家の経典である（金光明）最勝王経を訓読した。智海は大内氏こそが将軍を補佐し国家を平和にできる実力者であると言い、大内氏を高く評価した。彼は興隆寺が「京都より西国に比類なき」寺院であると賞賛し、妙見が国家全体の守護神となり、興隆寺が鎮護国家の中心となることを提唱したのである（図書寮叢刊『九条家文書』六巻一八五二）。

なお、興隆寺は明治時代になると伽藍が廃れ、その本堂は明治時代に山口市中心部の龍福寺《りゅうふくじ》に移築された。龍福寺は大内義隆が死後に祀られた菩提寺である。近年、本堂は本来の檜皮葺《ひわだぶ》きに修復され、室町時代の興隆寺の姿を偲ぶことができるようになっている（口絵参照）。

山口の繁栄と衰微

大内氏と言えば周防国山口の町を思い起こす方が多いであろう。義弘までの大内氏の本拠地は大内であったが、盛見以降、大内氏は山口を領国支配の中心地に定めた。歴代当主は在京する一方、領国支配の要として山口の町の発展にも努めており、政弘以降、大内氏の滅亡まで、この町は日本で有数の都市であり続けた。

山口が大内氏の本拠として定着する過程には二つの画期が想定される。

第一の画期は一五世紀初頭であり、義弘の弟の盛見が山口の北辺に香積寺《こうしゃくじ》及び国清寺《こくしょうじ》を建立した時期である。

香積寺は義弘の菩提寺であるが、創建に関する同時代的史料はない。国清寺については、応永一一年（一四〇四）の文書に、義弘及びその父母の菩提のために建立されたことが記されている（常栄寺文書五五、『県史』史料中世3）。両寺の建立には、義弘の死後、実力で当主となった盛見が自己の正統性を主張する意図があったと言われている（真木隆行前掲論文）。盛見が自分にとって重要な意味を持つ香積・国清両寺を建立した地は、従来の大内氏の本拠地であった大内ではなく、山口の北辺であった。このことから盛見は、山口を新たな本拠地として定め、両寺を山口の精神的な守りとしたと言えるだろう。

第二の画期は一五世紀半ばであり、教弘と政弘、それぞれの郭から成る山口の居館が整備された時期にあたる。

復元された大内氏館跡池泉庭園（南東からの眺め）

政弘は父教弘から家督を受け継ぐ以前から自分の居館を持ち、「沙汰付《さたつけ》」（不法に占拠された土地の返還）のような守護の権限を行使していた。一五世紀半ば以降、大内氏は当主の居館と別に嫡子の居館を設け、家督の委譲がスムーズに行われるように準備していたようである。父と子の居館が並び立つかたちは、京都において将軍義満の「花の御所」とその後継者の居館が一対となっていたことを真似たものである（百田昌夫「十五世紀後半の周防守護所――二つの会席・二つの郭をめぐって――」）。ちょうど京都室町の一対の居館に将軍職を永く継承する意志が籠められていたように、大内氏当主と嫡子の居館が南北に並び立つ様は、大内氏が山口に永続的な本拠を築いていた証と言えるだろう。

二つの画期を経て、文明九年（一四七七）に「応仁・文明の乱」が終わり、政弘が京都から帰って来ると山口は大きく変貌を遂げる。

この頃大内氏館は堀と土塁に囲まれ、西に枯山水《かれさんすい》の庭、南東に大きな池泉庭園《ちせんていえん》がある豪壮なものとなった（山口市教育委員会編集・発行『大内氏館跡』一一～一五）。政弘は将軍を真似て家臣に君臨し、諸国の守護が在京していたように、大内氏領国支配の責任者である守護代を山口に住まわせ、一般の家

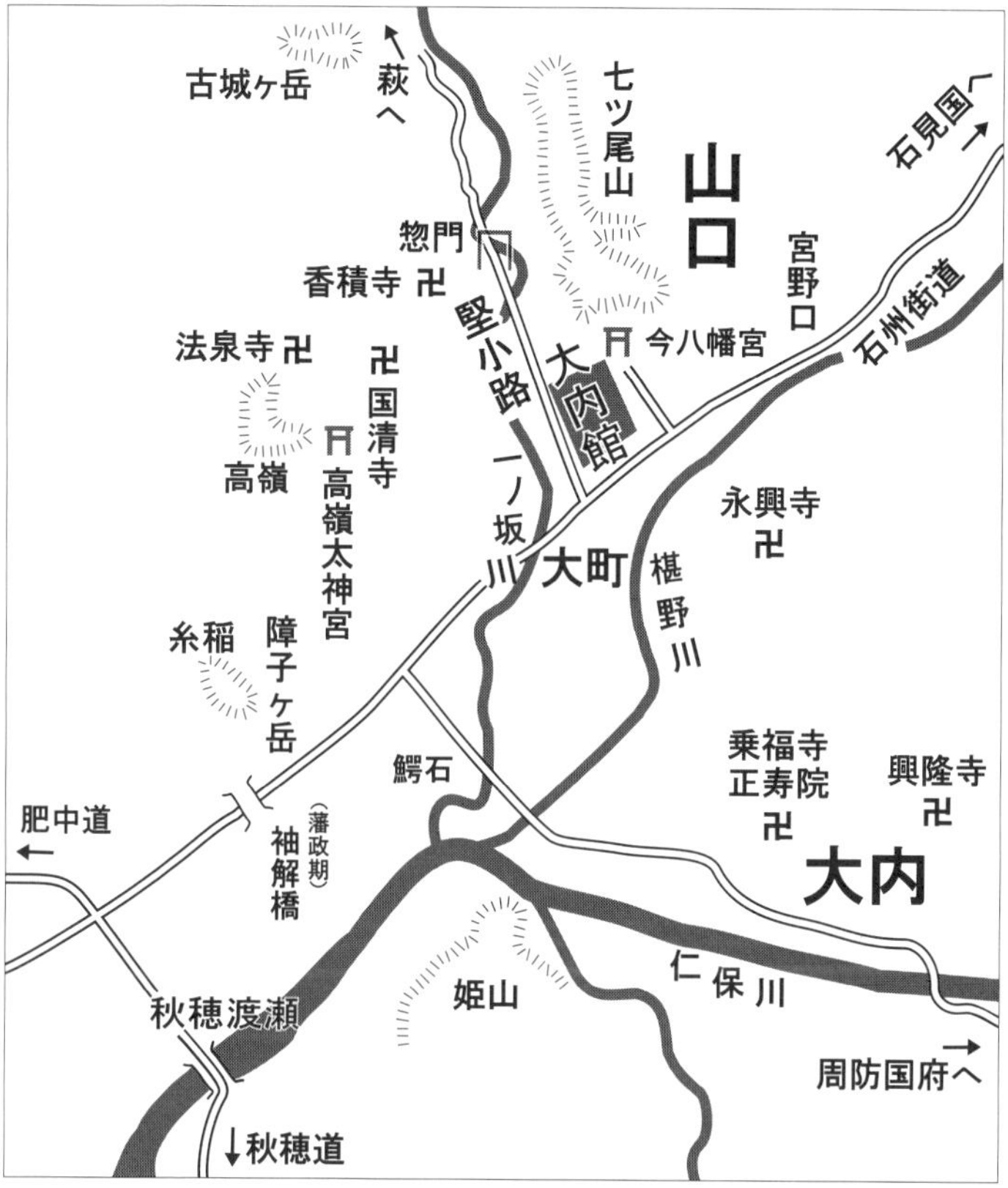

義興時代以降の山口と大内

現在の竪小路《たてこうじ》
（南から。大内氏館の西側の通りで，大内氏時代のメインストリート。近世の萩往還）

臣にも山口に住むことを法令で義務付けた（「大内氏掟書」）。また、家来の館が大内氏館の周囲に集まり、それにともなって町人も多数住むようになると、南北の小路が発達して「山口古図」に描かれるような町並みができていった（山村亜希「西国の中世都市の変遷過程－周防山口の空間構造と大内氏」）。なお、大内氏の館は現在の山口市中心部の龍福寺境内にあり、国史跡「大内氏館跡」に指定されている。

さらに政弘の時代には山口の町では祇園会《ぎおんえ》（祇園祭）が行われていた。都市民が熱狂する祭りとなっており、大内氏の館の一角をなす築山《つきやま》神社の築地《ついじ》の上で、町人が桟敷《さじき》を設けて見物していたという（「大内氏掟書」）。義興の時代になると、祇園会は町人の共同体による自治的な活動となっていた。町人の住む地区は「大町《おおまち》」と呼ばれ、大市、中市、晦日市という街区ごとに共同体が形成されており、祇園会では共同体ごとに鉾《ほこ》（祭りの屋台）を出していた。さらに、義興は、「大町」に命じて京都風の鉾三台を勤めさせ、この祭礼を京都風に改めた（「高嶺太神宮御鎮座伝記」『県史』史料中世1）。義興は、山口の祇園会を京都の祇園祭に見立て、山口を京都のように繁栄させることを願ったのであろう。実際、「応仁・文明の乱」で京都が荒廃していた頃、山口は繁華な都市として海外にまで知られていた。

しかしながら、陶晴賢の反乱により大内義隆が滅んだのち、山口の町は再三兵火に遭い衰微した。天正一四年（一五八六）にルイス・フロイスは、山口の繁栄していた頃を振り返り、「山口の市《まち》は周防の国にあって、今でも（人口が）七、八千人といわれるが、破壊される前は、日本におけるもっとも人口稠密《ちゅうみつ》な都市の一つであった。（しかし今は）往時の繁栄の面影はない」と述べている（『日本史』第六巻第一〇章（第一部二章）『山口県史料』中世編・上、山口県文書館編集・発行、一九七九年）。

江戸時代に長州藩が日本海側の萩に城下町を造ると、山口は政治的中心ではなくなった。それでも、萩往還と石州街道という二つの重要な街道が山口で交差しており、山口は交通・流通の要の役割を果たした。幕末の文久三年（一八六三）に藩庁が山口に移転し、長州藩が明治維新に向けて動き出すようになると、山口は再び歴史上で脚光を浴びるようになる。そして、維新後の明治四年（一八七一）、廃藩置県により山口は山口県の県庁所在地となり、現在に至っている。

2　義弘の記憶

瑠璃光寺五重塔

義弘の後継者である盛見は、兄の菩提を弔うため、山口の北辺に香積寺《こうしゃくじ》と国清寺《こくしょうじ》という禅寺を建立した。国清寺はのちに盛見のための菩提寺とされた。大内氏の滅亡後、両寺は毛利氏によってそれぞれ寺号を瑠璃光寺《るりこうじ》と洞春寺《とうしゅんじ》と改められ、現在に至っている。

山口市に現存する瑠璃光五重塔（口絵1頁）は室町時代の建立であり、国宝となっている。建築様式としては和様を基調とし、唐様（禅宗様）が混在している。この塔は、細く引き締まった姿をしており、その手前に広がる池越しに見るとさらに美しい。この塔が、大内盛見によって義弘のために創建されたという由緒は、毛利氏時代の万治四年（一六六一）に、塔の九輪《くりん》を修復した際、その台に彫られた銘文がもとになっている。

ところが、大正四年から五年にわたる解体修理で、「巻斗《まきと》」（塔の軒を支える木組の一種）に「嘉吉二年二月六日」という墨書が発見された。この墨書によれば、この塔の完成時期は嘉吉二年（一四四二）であり（藤森照信・前橋重二『五重塔入門』）、建立したのは盛見ではなく、その子の教弘ということになる。嘉吉二年といえば、嘉吉元年（一四四一）六月に起き、将軍義教とともに大内持世が殺害された「嘉吉の乱」の翌年にあたる。香積寺は義弘の菩提寺とされているが、もしかすると、塔を建てる直接のきっかけとなったのは、義弘の子持世の変死なのかもしれない。そうすると、この塔の建立の真意は、毛利氏時代の銘文に記されたような単純なものではなくなる。

義弘が堺で戦死したあと、彼の三人の子は家督を争うようになり、教祐と持盛は持世によって滅ぼされ、最後に持世も京都で殺害された。結局、義弘の血統は絶え、このあと弟盛見の血統が大内氏の家督を継承してゆく。そうすると、塔の建立の意義は、新しい大内氏の血統を継いだ盛見の子教弘が、義弘とともに途絶えてしまったその血統の菩提を供養することにあったと考えるべきではないだろうか。そのように考えると、香積寺は〈義弘の血統〉の菩提寺、国清寺は〈盛見〉の菩提寺というよう

木造大内持盛坐像（修理後）

木造大内盛見坐像（修理後）

に役割分担がはっきりする。

　のちに大内氏は、「香積寺（義弘）十二月廿一日、国清寺（盛見）六月二十八日」というように、各当主の「年忌」にあたる日にそれぞれの菩提寺に「出仕」することを家臣に義務付けている（「大内氏掟書」）。香積寺自体がいわば、大規模な義弘の位牌のようなものであるが、香積寺（瑠璃光寺）の五重塔はひときわ立派な記念碑であるといえよう。

　国清寺はのちに洞春寺《とうしゅんじ》と名前を変えられ、現在の洞春寺観音堂（室町時代、重要文化財）には義弘、盛見、持盛という大内氏一族三人の木像が安置されている。いずれも室町時代の作で、山口県指定有形文化財である。三体とも法衣をまとい、袈裟《けさ》をかけた姿である。幸いなことに近年保存修理が施され、制作当時の姿に復元された。

　このうち「木造大内義弘坐像」（口絵2頁左下）は、カヤ材の寄木造で、座高五一・四センチメートル、総高七二・二センチメートルである。修理によって不自然な色合いの彩色を除去し古色仕上げが施され、傷み・緩みが補正された（磯部貴文「県指定有形文化財 木造石屏子介禅師坐像・大内義弘坐像・大内盛見坐像・大内持盛坐像について」）。その結果、眼光が鋭くなって精悍な表情が復活し、僧の格好ながら「勇士」義弘を彷彿とさせる雰囲気が甦った。

文学・演劇に描かれた大内氏

大内氏は、現代の歴史ドラマでは滅多にスポットライトをあびることはないが、実は近世の文学・演劇に盛んに取り上げられている。

天文二〇年（一五五一）、大内義隆が陶晴賢に殺され、大内氏は中世末期に滅亡した。しかし、近世になると、大内氏は再び物語の題材として登場し、民衆に歓迎された。

近世の民衆は、〈大内義隆が武家でありながら公家のまねをして堕落する〉→〈陶晴賢が主人の義隆に謀反を起こす〉→〈毛利元就が晴賢を討伐して正義を回復する〉という展開の物語を好んだ。晴賢が起こした〈家臣による謀反〉のみならず、義隆が公家をまねて陥った〈武家としての堕落〉もまた「悪」であり（内田保廣校訂『近世説美少年録』下解題）、大内氏が登場する物語の中に「勧善懲悪的」なストーリー展開を期待したのである。

そのうえ、足利将軍に対する謀反を題材とする場合は、登場人物には義隆だけではなく義弘も好まれて起用されていた。明和七年（一七七〇）初演の歌舞伎「けいせい咬嚁吧恋文《じゃがたらぶみ》」では、毛利元就によって謀反を暴かれる反逆者は義弘になっている。近世の民衆の間では、「応永の乱」を起こした大内義弘について〈足利将軍に対する謀反人〉というイメージが定着していたのであろう。

ほかにも、享保二〇年（一七三五）初演の浄瑠璃《じょうるり》「苅萱桑門筑紫轢《かるかやどうしんつくしのいえづと》」では、作者は中世起源の説《せっ》経節《きょうぶし》の演目「かるかや」を浄瑠璃に翻案する際、九州に威を誇る人物として本来の「かるかや」の物語には現れない大内義弘を登場させた。

ところが、近世後期になって、大内氏が長編小説や絵入り小説の題材として取り上げられるようになると、大内氏への関心は「勧善懲悪的」物語一辺倒ではなくなる。曲亭馬琴や十返舎一九といった有名作家は、武家倫理に訴えるだけでなく、大内氏の持つ多彩な個性を題材にしてドラマを組み立てている。

特に、十返舎一九の『防州氷上妙見宮《みょうけんぐう》利《り》益助剣《やくのすけだち》』（文化二年＝一八〇五刊）は、〈琳聖太子が百済から渡来して大内氏の祖先となり、太子の守護神として下降した妙見が大内氏の氏神となった〉という祖先伝説を下敷きにしており、大内氏自体に対する彼の好奇心の強さが窺える。

また、成功した作品ではないが、為永春水作の『十杉伝《じっさんでん》』のように、義弘と朝鮮・明との密接な関係が強調されている作品もある。

最後に、笠亭仙果（一世）の『比奈乃都大内譚《ひなのみやこおおうちものがたり》』（初編安政六年＝一八五九刊）を紹介しておこう。

そのあらすじは以下のとおりである。大内朝弘《（政弘）》の嫡子である亀若丸《（亀童丸）》（義興）は、放蕩に見せかけて実は陰徳を積んでおり、貧しい者にこっそりと金銀を恵んでいた。そして、亀若丸が貧しい家を探して歩いていたところ、大内義弘の亡霊が出現する。義弘は、三種の神器を北朝へ譲らせるため南朝をだましたことで神々に憎まれ、冥土で苦しみを受けていた。そのため、義弘は自分の罪も軽くなり、

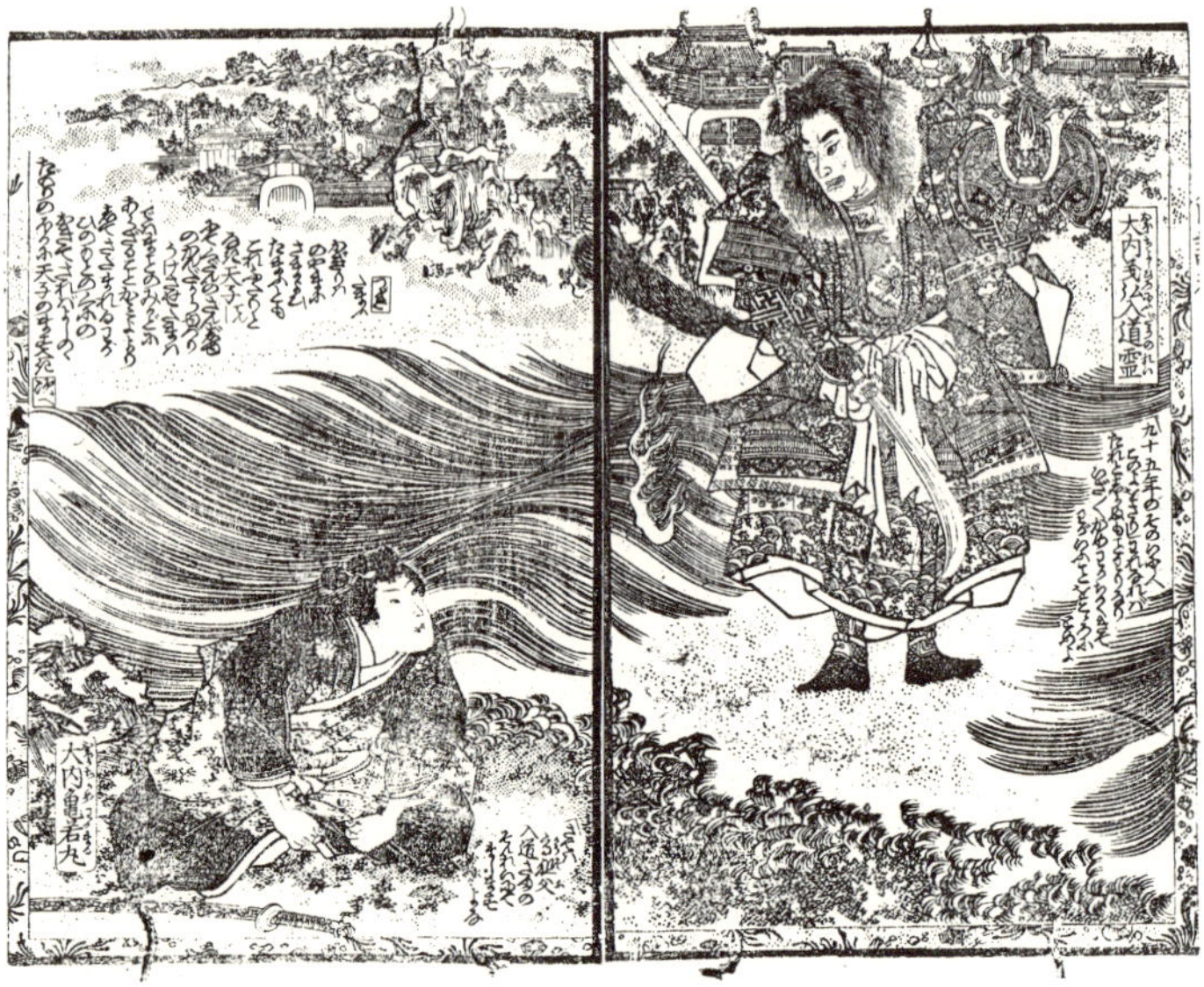

義弘の亡霊（右）と亀若丸（左）

大内の家も栄えるよう、南朝方で滅んだ者の子孫を助けることを亀若丸に懇願するのであった。

『比奈乃都大内譚』は、近世末期における「勧善懲悪的」物語と大内氏自体への関心が集大成された作品である。義弘・晴賢という二大謀反人を登場させるだけでなく、氏神である妙見のシンボルの「亀」を用いた幼名を主人公の名前とするなど、大内氏の個性を踏まえ、活かしているのである。

大内氏が描かれた近世の文学・演劇は、近世の民衆が大内氏に対して抱いた二つのイメージに基づいていた。すなわち、武家の堕落や家臣の謀反という〈武家倫理に悖《もと》る〉イメージと、独特な祖先伝説を持つ〈エキゾティックで個性的な〉イメージである。

大内氏は、自らが作り出した祖先伝説で民衆の好奇心をそそり、近世の文学・演劇の世界で〈悪役専門〉のレッテルを貼られることを免れたとも言えよう。

終章　大内義弘という人物

弘世との違い

大内氏は、天下を取ったわけでもないし、幕府の中枢を担ったわけでもないが、室町時代にあって、とてつもなくスケールの大きな勢力であったといえよう。彼らは北部九州から瀬戸内にかけて軍勢を展開し、関門海峡の両側に支配を広げた。在京して将軍に頼られる一方、海賊たちをコントロールして朝鮮王朝と親密な関係も結んでいた。

そのような大内氏の地位の基礎を築いたのが、義弘の父である弘世であった。彼は策略にたけており、周防・長門を一代で統一したあと、南朝に付いていた自分を幕府に高く売り付けた。また、転身がすばやく、九州への軍事行動に見切りを付けると、周防・長門両国の東側の諸国（安芸・石見）に力を振り向けた。そして、最後まで中国地方で勢力範囲を広げることに専念し、幕府政治の中に入っていくことはなかった。

義弘は父とは異なり、最初は幕府に忠実であり、三つの方向に大内氏の活動のスケールを拡大させていった。

一つ目は、九州に勢力範囲を拡大していったことである。幕府は了俊のように探題が九州の守護をひとりで兼務することを嫌ったうえ、九州で了俊が傑出した存在にならないように彼と大内・大友両氏を競わせようとした。幕府が本気で九州探題を九州統治の中心にすえるつもりであったかどうかは疑わしいのである。

重要な領域があると複数の大名に委ね、互いにけん制させるのが幕府の常道である。実際、「応永の乱」ののち、和泉国は細川氏一族の二つの家を共同で守護にしているし、博多の港は大内氏が筑前守護となった後も、沖合近くの息浜《おきのはま》を大友氏、内陸側を大内氏というようにエリアを分けて支配させている。義弘の時代以降、幕府の九州統治の方針は、大内氏が九州探題を支援するかたちが標準とされた。そのお蔭で義弘は豊前を得て、関門海峡の両側に守護領国を配し、以後、大内氏による関門海峡の制覇は長らく揺るがなかった。

二つ目は、在京して将軍に近侍するようになったことである。大内氏は足利将軍家にとって外様であるが、幕府政治の中で重きをなすようになる。足利義満は直轄軍を整備し始めていたが、その兵力は十分ではなく、義弘の手勢は直轄軍的な機能を果たした。義弘以降も幕府は大内氏の軍事力に依存しており、盛見の時代の大内軍は、いわば「影の直轄軍」とも言うべき存在であった（桜井英治『室町人の精神』）。

三つ目は、朝鮮王朝に近づくことである。義弘は反幕府勢力になった少弐氏を北部九州から排除することにより、玄界灘沿岸地域に影響力を持つことができるようになった。これによって義弘は、「三島倭寇《さんとうわこう》」を取り締まることが可能になり、朝鮮王朝から高い評価を得た。そして、大内氏の祖先が百済渡来であることを主張し始め、大内氏の祖先伝説がこののちも進化し続けるための準備をしたのである。

盛見との違い

義弘が謀反人として戦死してしまうことは、その後の大内氏の行く末を考えない無謀な行為であったかもしれない。しかしながら、おそらく義弘も幕府も予想しなかったかたちで大内氏は再び立ち上がる。

義弘の弟の盛見が、自力で義弘の後継者の座をつかんだのである。このことは、大内氏の領国支配が、単に幕府から補任される守護公権だけによるのではないことを示している。義弘の敷いた領国支配の路線が、領国内の家臣や国人層に支持され、盛見は義弘の「遺産」を活用することができたのであろう。

明徳四年（一三九三）に義弘が堺で主催した犬追物で、義弘はその弟の弘茂と満弘を参加させている。義弘は弘茂を後継者に指名しており、この時弘茂に中央の社交界を経験させていたのであろう。また、満弘は義弘と和睦したあと、石見守護として九州作戦で義弘をよく援けた。このように、生前、義弘は弘茂と満弘を重用しているが、盛見は国元にとどまったままで、弘茂・満弘に比べて華々しいところがない。

盛見は歴史の表舞台に登場する時期も遅く、応永五年（一三九八）、満弘とともに九州に出兵し、同年、石見守護の役割を担うことになった。義弘の死ぬ前年になってやっと重要な役割が与えられたのである。

さらに、盛見は名前の点からいっても兄弟の中で異質である。彼の実名には大内介一族の正統を表す「弘」の一字も付いておらず、将軍の偏諱《へんき》である「義」や「満」の一字も受けていない。「盛」の一字は、平安時代末期に流罪となった多々良氏に見られ、「盛見」という名前は先祖帰りをした感がある。

このように、義弘の弟のうち最も評価されなかった弟が、幕府の支持を得た別の弟を退けた。兄弟たちが在京する一方で、盛見は一貫して国元におり、その間着実に勢力を培っていたのであろう。

義弘自身は滅ぼされた。しかし、幕府は大内氏の本拠である周防・長門、及び北部九州の権益を没収することはできなかった。そのうえ、応永八年(一四〇一)、盛見が弘茂を滅ぼすと、幕府は盛見の家督を追認するほかなかった。応永一一年(一四〇四)、盛見は幕府と和睦し、応永一六年(一四〇九)~同三二年(一四二五)、義弘よりも長い十六年の間在京する。応永三二年(一四二五)、盛見は幕命を受け、九州探題を追い出した少弐満貞を破り、永享元年(一四二九)、将軍足利義教から将軍料国である筑前の支配を任された。盛見は大内氏を立て直したうえ、さらに筑前に進出することにも成功したのである。しかし、永享三年(一四三一)、少弐氏と戦い、筑前深江で敗死した。

盛見の時代は大内氏の歴史のうえで重要な転換点であった。一つには、義弘の子が相次いで死ぬと、盛見の子の教弘が家督を継ぎ、その後盛見の血統が〈教弘—政弘—義興—義隆というように〉最後まで家督を握り続けた。もう一つは、盛見が初めて大内氏の始祖の名前を「琳聖太子」であると唱え、義弘が主張し始めた祖先伝説をより具体的なものに進化させていった。

なお、盛見という人名の読みについては定説がない。早くには「もりはる」と読まれ、近年は「もりみ」と読まれたが、最近では、戦国時代の大内氏系図をもとに「もりあきら」と読むべきであるという新説が唱えられている（トーマス・コンラン「吉田兼右が写した大内系図」）。

日本史の中で

大内氏は「西国」の覇者であった。南北朝・室町時代、大内氏関係の文献で「西国」という言葉が使われる際、それは単なる「東国」の対義語ではない。先ず、南北朝時代、畿内と九州の間にある地域を「中国」と呼ぶようになると、「西国」は次第に九州に特定されるようになる。次いで、大内氏が中国・九州地方にまたがる領域を支配するようになると、「西国」は、大内氏の勢力圏を表現する言葉にもなっていった。

義弘がこのような「西国」に立て籠もっていれば、幕府も手を出すことができなかったであろう。そのような本拠地に恵まれながら、義弘は、「西国」を後にした。そして、在京してからわずか九年ほどの間に、「天下」の政道そのものを紏すようになるのである。

室町時代に、義弘のように戦場をかけまわり、命をはって幕府にも外国の王朝にも仕え、実力で広大な勢力圏を形成した大名は他にいない。日本史の中での大内義弘の存在意義は、室町幕府は統一政権のふりをしているが、「中央」を押さえているだけであり、実は「地方」には独自の「世界」があることを示したことと言えよう。義弘は「幕府に九州まで支配しているような格好を付けさせてやったのは、この私だ」と思っていたのではないだろうか。

参考文献

史料集（刊行年代順）

『梅松論』（『群書類従』二十輯）
『堺市史』四　資料編第一（堺市役所、一九三〇年）
『大分県史料』一（大分縣史料刊行會、一九六〇年）
「大内氏掟書」（佐藤進一ほか編『中世法制史料集』三　武家家法Ⅰ、岩波書店、一九六五年）
『大阪府史』三（大阪府、一九八〇年）
『大阪府史』四（大阪府、一九八一年）
林屋辰三郎編『兵庫北関入船納帳』（中央公論美術出版、一九八一年）
続日本絵巻大成一六『松崎天神縁起』（中央公論社、一九八三年）
『玉葉』二（名著刊行会、一九八四年）
『鹿苑院西国下向記』（『神道大系』文学編五　参詣記、神道大系編纂会編集・発行、一九八四年）
『大宰府・太宰府天満宮史料』一二（吉川弘文館、一九八四年）
『絵図で見る防長の町と村』（山口県文書館編集・発行、一九八九年）
『防府市史』史料Ⅰ（防府市史編纂委員会、二〇〇〇年）
『山口市史』史料編〈大内文化〉（山口市編集発行、二〇一〇年）

史料纂集『迎陽記』一（八木書店、二〇一一年）

軍記物（刊行年代順）

『鎌倉大草紙』（『群書類従』二十輯）
「田安家旧蔵本『鎌倉大双紙』」（『千葉市立郷土博物館研究紀要』六、二〇〇〇年）
日本古典文学大系三六『太平記』三（岩波書店、一九六二年）
犬塚盛純著・高野和人編纂『歴代鎮西志』上・下（青潮社、一九九二年〜九三年）
馬渡俊継原著・高野和人編纂『北肥戰誌（九州治乱記）』（青潮社、一九九五年）

今川了俊の著作

『道ゆきぶり』（『群書類従』十八輯）。『中世日記紀行文学全評釈集成』六巻（勉誠出版、二〇〇四年）にも収録されている
『鹿苑院殿厳島詣記』（『群書類従』十八輯）。『中世日記紀行文学全評釈集成』六巻（前出）にも収録されている
『明徳記』（『群書類従』二十輯）
『難太平記』（『群書類従』二十一輯）
『今川了俊書札礼』（『続群書類従』二十四輯下）

高麗・朝鮮の史料（刊行年代順）

宋希璟著・村井章介校注『老松堂日本行録―朝鮮使節の見た中世日本―』（岩波書店、一九八七年）
申叔舟著・田中健夫訳注『海東諸国紀―朝鮮人の見た中世の日本と琉球―』（岩波書店、一九九一年）
武田幸男編訳『高麗史日本伝』（下）（岩波書店、二〇〇五年）

本書の全体に関わる参考図書（刊行年代順）

近藤清石『大内氏実録』（一八八五年）

佐藤進一『南北朝の動乱』（日本の歴史九　中央公論社、一九六五年。一九七四年に再刊）
松岡久人『大内義弘』（日本の武将シリーズ二〇、人物往来社、一九六六年。戎光祥出版から二〇一三年に再刊）
佐藤進一『室町幕府守護制度の研究―南北朝期諸国守護沿革考証編―』下（東京大学出版会、一九八八年）

本書のもとになった著者の論文（刊行年代順）

平瀬直樹「守護大名大内氏と海辺の武装勢力―海賊・警固衆・倭冦」『山口県地方史研究』七一、一九九四年）……第五章4節
平瀬直樹「中世都市の空間構造―周防国山口を中心に―」（『北陸都市史学会誌』八、二〇〇一年）……第四章1節及び第八章2節
平瀬直樹「応永の乱と堺―大内義弘の拠点について―」（『北陸都市史学会誌』一八、二〇一二年）……第三章2節及び第七章2節
平瀬直樹「室町期における大内氏の妙見信仰と祖先伝説」（『史林』九七‐五、二〇一四年）……第六章2節及び第八章2節
平瀬直樹「近世の文学・演劇に描かれた大内氏」（『山口県地方史研究』一一二、二〇一四年）……第八章3節
平瀬直樹「南北朝期大内氏に見る地域支配権力の確立―大内弘世と妙見祭祀―」（『鎌倉遺文研究』三四、二〇一四年）……第一章全般
平瀬直樹「南北朝期大内氏の本拠地」（『日本歴史』八一〇、二〇一五年）……第二章2節及び第四章1節

序章

加地宏江「『堺記』と『応永記』との相違」（『中世歴史叙述の展開―『職原鈔』と後期軍記―』吉川弘文館、一九九九年）

第一章

井上寛司・岡崎三郎編集・執筆『史料集・益田兼見とその時代—益田家文書の語る中世の益田（一）—』（益田市教育委員会発行、一九九四年）
郷土の文化財を守る会『長門国一の宮住吉神社』（一九七八年）
桜井英治『室町人の精神』（講談社、二〇〇一年）
田中大喜「南北朝期武家の兄弟たち—「家督制」成立過程に関する一考察—」（悪党研究会編『悪党と内乱』岩田書院、二〇〇五年）
真木隆行「周防国大内氏とその氏寺興隆寺の質的変容」（川岡勉・古賀信幸編　日本中世の西国社会3『西国の文化と外交』清文堂、二〇一一年）
松岡久人『大内氏の研究』（清文堂、二〇一一年、初出は一九六九年）第三章「鎌倉末期周防国衙領支配の動向と大内氏」
峰岸純夫「治承・寿永内乱期の東国における在庁官人の「介」」（『中世東国史の研究』東京大学出版会、一九八八年）

第二章

海老名尚・福田豊彦「〔資料紹介〕『田中穣氏旧蔵典籍古文書』「六条八幡宮造営注文」について」（『国立歴史民俗博物館研究報告』四五、一九九二年）
須田牧子『中世日朝関係と大内氏』（東京大学出版会、二〇一一年）第四章「大内氏の先祖観の形成とその意義」
『太宰府市史』通史編Ⅱ（太宰府市、二〇〇四年）
田村杏士郎「大内氏家臣平井道助考」（『七隈史学』一七、二〇一五年）
藤井崇『室町期大名権力論』（同成社、二〇一三年）第三章「義弘期の分国支配」

藤井崇『室町期大名権力論』（前出）第二章「康暦内戦に関する諸問題」
水野智之『室町時代公武関係の研究』（吉川弘文館、二〇〇五年）
村井章介「水嶋陣後の九州の情勢」（『東京大学史料編纂所報』二六、一九九一年）
山田徹「南北朝期の守護在京」（『日本史研究』五三四、二〇〇七年）
米原正義「文芸の源流と義弘」（『戦国武士と文芸の研究』桜楓社、一九七六年）第五章「周防大内氏の文芸」
和田秀作「大内氏の惣庶関係をめぐって」（鹿毛敏夫編『大内と大友―中世西日本の二大大名―』勉誠出版、二〇一三年）

第三章

＊幕府の対外様大名政策については、桜井英治『室町人の精神』（前出）を随所で参照。

臼井信義『足利義満』（吉川弘文館、一九六〇年）
森茂暁『南北朝の動乱』（戦争の日本史八　吉川弘文館、二〇〇七年）
森茂暁『南朝全史―大覚寺統から後南朝へ―』（講談社、二〇〇五年）

第四章

岩国市埋蔵文化財調査報告第一集『中津居館跡（旧加陽和泉守居館跡）』（岩国市教育委員会、二〇一二年）
古賀信幸「守護大名大内（多々良）氏の居館跡と城下山口―大内氏館跡と町並遺跡の発掘成果から―」（金子拓男・前川要編『守護所から戦国城下へ―地方政治都市論の試み―』名著出版、一九九四年）
新南陽市埋蔵文化財調査報告一『勝栄寺』（新南陽市教育委員会、一九八五年）
前田博司「「道場」地名と時宗寺院の盛衰」（『山口県地方史研究』六一、一九八九年）
増野晋次・北島大輔「大内氏館と山口」（川岡勉・古賀信幸編『西国の権力と戦乱』〈日本中世の西国社会一〉清文堂、二〇一〇年）

増野晋次「中世の山口」（鹿毛敏夫編『大内と大友―中世西日本の二大大名―』勉誠出版、二〇一三年）
御薗生翁甫「大内弘世の山口開府と城下町の機構」（『大内氏史研究』山口県地方史学会・大内氏史刊行会、一九五九年）
御薗生翁甫「明使趙帙朱本の山口館待と五山詩僧春屋妙葩」（前出『大内氏史研究』）
村井章介『アジアのなかの中世日本』（校倉書房、一九八八年）Ⅵ章「日明交渉史の序幕―幕府最初の遣使にいたるまで―」
百田昌夫「周防富田道場勝栄寺の寺史と土塁のこと」（『山口県文化財』一八、一九八八年）
山村亜希「描かれた中世都市―『忌宮神社境内絵図』と長門国府―」（『中世都市の空間構造』吉川弘文館、二〇〇九年）
歴史の道調査報告書『山陽道』（山口県教育委員会、一九八三年）

第五章

＊弘世・義弘の石見国支配について参照した文献
松岡久人『大内氏の研究』（前出）第七章「南北朝室町期石見国と大内氏」（初出は一九七三年）及び井上寛司・岡崎三郎編集・執筆『史料集・益田兼見とその時代―益田家文書の語る中世の益田（一）―』（前出）
＊弘世・義弘の安芸国支配については、松岡久人『大内氏の研究』（前出）第六章「大内氏の安芸国支配」（初出は一九六五年）を参照。
＊義弘の豊前国支配について参照した文献
松岡久人『大内氏の研究』（前出）第五章「大内氏の豊前国支配」（初出は一九六四年）及び村上豊喜「中世後期の守護権力と地方権門―大内氏と宇佐宮を中心に―」（『日本史研究』一九〇、一九七八年）、山口隼正「南北朝期の豊前国守護について」（『中世九州の政治社会構造』吉川弘文館、一九八三年）

田中健夫『中世海外交渉史の研究』(東京大学出版会、一九五九年)
中村栄孝『日鮮関係史の研究』上(吉川弘文館、一九六五年)
益田市教育委員会『中須東原遺跡―市内遺跡発掘調査及び益田川左岸北部地区土地区画整理事業に伴う埋蔵文化財発掘調査報告書―』(二〇一三年)
益田市・益田市教育委員会『シンポジウム「中世山陰の流通と国際関係を考える」』(二〇一五年)

第六章

＊今川了俊の事績については、川添昭二『今川了俊』(吉川弘文館、一九六四年)を随所で参照。
高正龍「山口乗福寺跡出土瓦の検討―韓国龍文端平瓦の編年と麗末鮮初の滴水瓦の様相―」(『喜谷美宣先生古稀記念論集』喜谷美宣先生古稀記念論集刊行会編集・発行、二〇〇六年)

第七章

朝尾直弘ほか共著『堺の歴史―都市自治の源流―』(角川書店、一九九九年)より第二章「荘・浦から都市へ」(仁木宏執筆)及びコラム⑥「さかひ銭の謎」(嶋谷和彦執筆)
小川剛生『足利義満―公武に君臨した室町将軍―』(中央公論新社、二〇一二年)
黒田基樹編『足利満兼とその時代』(戎光祥出版、二〇一五年)
堺市博物館『茶道具拝見―出土品から見た堺の茶の湯―』(二〇〇六年)
堺市博物館『よみがえる中世都市　堺―発掘調査の成果と出土品―』(二〇一〇年)
田辺久子『関東公方足利氏四代―基氏・氏満・満兼・持氏―』(吉川弘文館、二〇〇二年)
仁木宏「戦国時代摂津・河内の都市と交通―中核都市・大坂論―」(栄原永遠男・仁木宏編『難波宮から大坂へ』和泉書院、二〇〇六年)

第八章

磯部貴文「県指定有形文化財　木造石屏子介禅師坐像・大内義弘坐像・大内盛見坐像・大内持盛坐像について」（『山口県文化財』四七、二〇一六年）
伊藤幸司「大内氏の日明貿易と堺」（『中世日本の外交と禅宗』吉川弘文館、二〇〇二年）
内田保廣校訂『近世説美少年録』下解題（叢書江戸文庫22、国書刊行会、一九九三年）
荻須純道『正法山六祖伝訓註』（思文閣出版、一九七九年）
川上孤山著・荻須純道補述『増補　妙心寺史』（思文閣出版、一九七五年）
坂出祥伸「呪符と道教―鎮宅霊符の信仰と妙見信仰」（『「気」と養生―道教の養生術と呪術―』人文書院、一九九三年）
二階堂善弘「玄天上帝信仰と武当道」（野口鐵郎編集代表　講座道教一『道教の神々と経典』雄山閣出版、一九九九年）
藤森照信・前橋重二『五重塔入門』（新潮社、二〇一二年）
百田昌夫「十五世紀後半の周防守護所―二つの会席・二つの郭をめぐって―」（『山口県史研究』三、一九九五年）
山口市教育委員会編集・発行『大内氏館跡』一一～一五（二〇一〇年～二〇一四年）
山村亜希『中世都市の空間構造』（吉川弘文館、二〇〇九年）第二部第二章「西国の中世都市の変遷過程―周防山口の空間構造と大内氏―」
米原正義「大内氏と師成親王」（『戦国武士と文芸の研究』前出）第五章「周防大内氏の文芸」

終章

トーマス・コンラン「吉田兼右が写した大内系図」（『山口県史研究』二一、二〇一三年）

あとがき

御所の御沙汰の様見及び申すごとくば、弱き者は罪少けれども御不審をかう《（蒙）》ぶり面目を失ふべし、強き者は、上意に背くといえども、さしおかれ申すべき条、みな人の知るところなり（『難太平記』）

義弘が今川了俊に語ったこの言葉をもう一度かみしめてみよう。力の弱い者は過失が少なくても義満の機嫌を損ねて面目を失い、力の強い者は義満に逆らっても咎められることはないだろうというのである。義弘は、将軍と大名との力関係で大名の処遇を決め、弱い者いじめをするような義満の政治に理不尽なものを感じていた。この言葉は、自分に地位や権力がなければ理不尽な政治に太刀打ちできないという義弘の冷めたものの見方を反映しているといえよう。

現代でも権力を持たない者は少しの過失でも悪く言われて名誉を傷付けられ、権力を持った者は重大な過ちを犯しても責任を問われないというような苦々しい現実を思い起こさせる言葉である。

他人を利用しながら、用がなくなると切り捨てる、そして、それについて罪悪感も持たず、自分は他人を踏みにじっても許される特別な存在だと思っている。このような義満に対して、義弘は、義満が九州の大名に義弘を討伐するように密かに命じていたことなどをきっかけとして、政道を糾すことを決意した。義弘は、忠節を尽くしたにもかかわらず、義満が自分を裏切ったことが許せなかったのである。

このような理不尽な仕打ちに対抗するために義弘が取った行動は、現代の我々も共感できる点があるのではないだろうか。

一つ目は、理不尽な政治に対して声を上げたということである。

義弘は「天命」を奉じ、国や民のために立ち上がった。先行する「明徳の乱」の山名氏清のように自己の処遇に対する不満から反乱を起こす大名はいても、義弘のように「世直し」を掲げて将軍に刃向ったものは他にはいない。たしかに、義弘が考えた「世直し」は新たな将軍に鎌倉公方足利氏を擁立することであり、幕府政治を根本的に変革するような発想は見られない。しかし、鎌倉公方が立ち上がらず、義弘が孤立し、この反乱が「絶望的」なものになってしまっても、義弘は引き下がらなかった。この点を評価したい。

現代でも、いくら法律や規則が作られても、国民ひとりひとりが、理不尽な「権力」に対して声を上げ続けなければ「正義」は守れない。国家には平和と人権を守る法律、職場にはハラスメントを禁止する規則があっても、人々が何も言わないと、ずる賢い政治家や上司はそのような法律や規則を読み替えては自分のいいようにしてしまうであろう。個人単位で「権力」と戦うことはなかなかできることではないが、それでも「正義」について声を上げた点で、義弘に共感できるのである。

二つ目は、子孫のために支配領域と一族のアイデンティティーを残したことである。

義弘は堺で滅んだ後、和泉・紀伊両国の守護職を没収されたが、「西国」にある周防・長門・豊前は残すことができた。幕府は、京都に近い国を没収することはできても、周防・長門をはじめとする関門海峡の両側に広がった領域はあまりにも遠く、大内氏から奪うことは不可能だったのである。義弘は結局、幕府にかなわなかったけれども、自分の「世界」をしっかり築き上げていたということであろう。

あわせて、一族のアイデンティティーである〈祖先は百済から渡来し、大内氏の守護神は妙見である〉という独特な祖先伝説も子孫に残している。当時の武家社会では、家のルーツを源・平・藤・橘のいずれかに求めることが一般的であったにもかかわらず、大内氏はルーツをあえて海外に求めている。しかし、支配領域とは違って、形のないものであるからこそ、確固たるアイデンティティーはけっして他人から奪われることがなく、一族を存続させていく上で重要な役割を果たしたと思われる。

義弘が教えてくれたことは、自分ひとりでは変えがたい理不尽なことに直面した時、自分を支えてくれる支配領域や確固たるアイデンティティーを持っているのと、持っていないのとでは大違いであるということである。すなわち、絶対に他人に奪われることのない「天職」や「個性」を持っていることの大切さである。現代でも、自分の置かれた環境を変えることができなくても、納得できる「仕事」や「作品」を残したりすることによって、自分の死後、子孫が社会を進歩させたり、自分の考えが世の中を変える一助となる希望を抱くことができると思えるのである。例えば、子どもをしっかり育てる、評価されなくても研究を続ける、売れなくても創作活動をやめない、といったことが世間に負けずに自分を守り続けることなのだということである。

さて、冒頭の義弘の言葉は、「弱き者」としての義弘の危機感を反映しているが、実は後世から見れば、義弘は大内氏を幕府につぶされない存在にした「強き者」であった。もしかしたら、当時、将軍に反乱を起こして没落していった大名や守護職を奪われた後二度と守護に復帰できなかったような大名には、大内氏もまた、〈幕府に逆らっても咎められることのない〉「強き者」として映っていたかもしれない。

この書物を執筆するきっかけとなったのは、二〇〇二年に上横手雅敬先生から依頼されたことである。私は一九八六年に山口県文書館に勤めて以来、大内氏及び大内氏の「世界」に興味を持ってきた。しかし、先にも述べたとおり大内義弘という人物はスケールが大きく、彼の生涯の全体像を把握するのにもたもたとしているうち、あっという間に一〇年以上が経ってしまった。この間、山口県では県内の研究者のみなさんのご教示によって、金沢大学ではゼミの場で大学院生や学部生と議論を重ねたことによって、大内氏や義弘に対する理解を深めることができた。ぐずな自分ではあるが、今日何とか本書をまとめることができたのは、みなさまのお蔭である。上横手先生には、もちろんのこと、お世話になった方々にこの場を借りてお礼申し上げたい。

平成二十八年（二〇一六）二月、弱き者として

平瀬直樹

大内義弘略年譜

和暦	西暦	齢	関係事項	一般事項
延文 元	一三五六	1	この年義弘が生まれたと考えられる。	
延文 三	一三五八	3	6・23弘世、長門国府に入部。同日、長門一・二宮に参詣。弘世、周防・長門両国平定。	
貞治 二	一三六三	8	春弘世、北朝に降参し、周防・長門両国の守護に補任される。のちに豊後国で南朝方に敗れ、上洛。	
貞治 五	一三六六	11	7月弘世、石見国の守護に補任される。	
応安 元	一三六八	13		12・30足利義満、十一歳で将軍に就任。
応安 三	一三七〇	15		6・23足利義満、今川了俊を九州探題に任命。この年、明、倭寇の禁圧を求め、趙秩を日本に派遣。
応安 四	一三七一	16	4・27弘世、益田荘に対し守護使不入を認める。この年今川了俊の要請を受け、義弘、弘世に従い十六	2・19今川了俊、九州に下向。

			歳で九州出兵。	
応安　五	一三七二	17	2・10弘世、九州に出兵。8月弘世、無断で九州から撤兵。	8・12今川了俊、大宰府を攻略し、征西将軍を退ける。
応安　六	一三七三	18	この春、明使趙秩、弘世に招かれ大内に滞在。趙秩、いったん弘世のもとを去り、再び戻る。10月趙秩、大内を去り博多に発つ。	
応安　七	一三七四	19	7月頃、弘世、安芸国で毛利元春所領に侵入。8・10弘世、氷上山妙見社上宮の上棟を行う。	この年趙秩、明に帰国。
永和　元	一三七五	20	3・21義弘、初めて長門府中に入部。11・20義弘、幕府から九州探題合力を命じられる。義弘、父弘世と仲たがいし、単独で豊後に渡海。	8・26今川了俊が少弐冬資を謀殺する（水嶋の陣）。
永和　二	一三七六	21	1月義弘、吉弘氏輔とともに豊前に入り今川氏兼と合流。次いで筑前に向かい、その後肥前に進む。4月弘世、幕府から石見守護を罷免される。	
永和　三	一三七七	22	8・12義弘、弟の満弘とともに、肥後国で菊池氏に大勝し、中央で賞賛される。	
永和　四	一三七八	23	8・22弘世、伊豆の浪人伊藤彦四郎の申請を認め、河山新宿を創設。この年義弘、高麗の倭寇禁圧の要請に応じるが、大敗を喫す。	3・10足利義満、室町殿に移る。
康暦　元	一三七九	24	8月弘世、石見守護に復帰。11・2義弘、忌宮神社	閏4月管領細川頼之、斯波義将

			大宮司に対し、大宮司職を安堵。	によって政界から追放される（康暦の政変）。
康暦 二	一三八〇	25	3月義弘、「水嶋の陣」で窮地に立った今川了俊を救援した功により、豊前守護に補任される。5・10義弘、長門国栄山城で、満弘方の杉智浄入道そのほか名字ある者二十七人を討ち取る。5・28義弘、安芸国で弟満弘方と戦い勝利。8・15陶弘宜・杉重運、周布氏とともに益田氏を攻める。10・5義弘、長門国下山城を陥落させ、石見へ向かう。11・15弘世死去。	
永徳 元	一三八一	26	4・23義弘、河山新宿の境界を定める。7月以前義弘と満弘和睦。	
永徳 三	一三八三	28	2・15義弘、益田氏の本領安堵を幕府に認めさせる。	
至徳 二	一三八五	30	7～10月弟弘茂が石見国守護として活動する。	
康応 元	一三八九	34	3・12義弘、下松で足利義満一行を出迎える。3・13義弘、三田尻の御旅所で義満を接待する。3・26義弘、在京することになり、兵庫に着く。	3・4足利義満、船団を率い、瀬戸内海遊覧に出発。
明徳 元	一三九〇	35		閏3・25土岐氏の乱。
明徳 二	一三九一	36	12・30「明徳の乱」。義弘、二条大宮に布陣し、山名氏清勢と戦う。	

明徳 三	一三九二	37	1・4義弘、和泉・紀伊守護に補任される。8・5義弘、京都から安芸毛利氏に起請文を送り、毛利氏所領の同国入江保（高宮郡）を保証。10・25義弘、三種の神器を迎えるため南朝に派遣される。	閏10・5南北朝の合体
明徳 四	一三九三	38	10・19義弘、和泉国堺で犬追物を開催。12・13足利義満、義弘に対し、九州での戦功及び明徳の乱の功を褒賞し、将軍家の一族に准ずる。	
応永 元	一三九四	39		12・17義満、子義持に将軍職を譲る。12・25義満、太政大臣となる。
応永 二	一三九五	40	7・20義弘、足利義満に追従して出家する。12・17『李朝実録』に初めて義弘の名が見える。	6・3義満、太政大臣を辞す。6・20義満、出家する。8・10今川了俊、京都に召還され、九州探題を罷免される。11・14了俊、駿河半国守護に補任され、京都から下向。
応永 三	一三九六	41	3月義弘、朝鮮王朝に大蔵経を求める。	
応永 四	一三九七	42	この年足利義満、北山第の造営を命じるが、義弘これを拒否。3月少弐貞頼・菊池武朝が九州探題に反旗を翻す。義弘、弟満弘・盛見を九州に派遣。12・	

応永五	一三九八	43	25朝鮮王朝、義弘のもとへ朴惇之を派遣し、幕府に倭寇禁圧を進言するよう依頼。年末、少弐・菊池連合軍により満弘戦死。10・16義弘、九州探題加勢のため九州に下向。12月義満夫人（日野氏）の命により、義弘、朝鮮王朝に大蔵経を求める。	11・4鎌倉公方足利氏満死去。
応永六	一三九九	44	5・4義弘、義満の命により倭寇を禁圧し、顕著な戦果。7・9義弘、朝鮮王朝に対し、百済の末裔であることを示す文書の調査及び土田を朝鮮王朝に要求。10・13義弘、九州から戻り、そのまま堺に籠城。10・27足利義満、絶海中津を堺に派遣し、再度義弘に上洛を求める。11・8足利義満、東寺に陣取る。11・14幕府軍、八幡に陣を移動し、次いで和泉国へ進軍。12・21応永の乱。義弘は戦死、弟弘茂は降参。12月幕府、大内氏から和泉・紀伊両国を没収し、弘茂を大内氏当主とする。	11・4鎌倉公方足利満兼、興福寺に御教書を送り、挙兵を要請。義弘の副状あり。11月丹波の宮田時清と山名満氏、美濃の土岐詮直、近江の京極満秀、義弘に呼応し挙兵。
応永七	一四〇〇		7・11弘茂、盛見を討つため下向する（翌八年、盛見、長門国で弘茂を滅ぼす）。	1・11義満、今川了俊の守護職を没収し、討伐を決定。3・5足利満兼、鎌倉に帰還。7月了俊、降参。

人名索引

※「大内義弘」「足利義満」は頻出するため省略した。

あ　行

か　行

さ　行

た　行

な　行

は　行

ま　行

や　行

ら　行

わ　行

事項索引

※「室町幕府」「大内（大内介，大内村，大内氏）」は頻出するため省略した。

あ　行

か　行

さ　行

た　行

な　行

は　行

ま　行

や　行

ら　行

わ　行

《著者紹介》
平瀬直樹（ひらせ・なおき）
1957年　大阪府生まれ。
1986年　京都大学大学院文学研究科博士後期課程国史学専攻研究指導退学。
山口県文書館勤務を経て，
現　在　金沢大学人間社会研究域歴史言語文化学系教授。
京都大学博士（文学）。
主　著　『大内氏の領国支配と宗教』（塙書房，2017年）。

ミネルヴァ日本評伝選
大《おお》内《うち》義《よし》弘《ひろ》
——天命を奉《うけたまわ》り暴乱を討つ——

2017年３月10日　初版第１刷発行　〈検印省略〉

定価はカバーに
表示しています

著　者　平　瀬　直　樹
発行者　杉　田　啓　三
印刷者　江　戸　孝　典

発行所　株式会社　ミネルヴァ書房
607-8494 京都市山科区日ノ岡堤谷町１
電話代表（075）581-5191
振替口座 01020-0-8076

共同印刷工業・新生製本

ISBN978-4-623-08029-8
Printed in Japan

刊行のことば

歴史を動かすものは人間であり、興趣に富んだ人間の動きを通じて、世の移り変わりを考えるのは、歴史に接する醍醐味である。

しかし過去の歴史学を顧みるとき、人間不在という批判さえ見られたように、歴史における人間のすがたが、必ずしも十分に描かれてきたとはいえない。二十一世紀を迎えた今、歴史の中の人物像を蘇生させようとの要請はいよいよ強く、またそのための条件もしだいに熟してきている。

この「ミネルヴァ日本評伝選」は、正確な史実に基づいて書かれるのはいうまでもないが、単に経歴の羅列にとどまらず、歴史を動かしてきたすぐれた個性をいきいきとよみがえらせたいと考える。そのためには、対象とした人物とじっくりと対話し、ときにはきびしく対決していくことも必要になるだろう。

今日の歴史学が直面している困難の一つに、研究の過度の細分化、瑣末化が挙げられる。それは緻密さを求めるが故に陥った弊害といえるが、その結果として、歴史の大きな見通しが失われ、歴史学を通しての社会への働きかけの途が閉ざされ、人々の歴史への関心を弱める危険性がある。今こそ歴史が何のためにあるのかという、基本的な課題に応える必要があろう。評伝という興味ある方法を通じて、解決の手がかりを見出せないだろうかというのも、この企画の一つのねらいである。

狭義の歴史学の研究者だけでなく、多くの分野ですぐれた業績をあげている著者たちを迎えて、従来見られなかった規模の大きな人物史の叢書として、「ミネルヴァ日本評伝選」の刊行を開始したい。

平成十五年（二〇〇三）九月

ミネルヴァ書房

ミネルヴァ日本評伝選

企画推薦
梅原　猛
ドナルド・キーン
佐伯彰一
角田文衞

監修委員
上横手雅敬
芳賀　徹

編集委員
石川九楊
伊藤之雄
猪木武徳
今谷　明
今橋映子
熊倉功夫
佐伯順子
坂本多加雄
武田佐知子
竹西寛子
西口順子
兵藤裕己
御厨　貴

上代

*俾弥呼　古田武彦
日本武尊　西宮秀紀
*仁徳天皇　若井敏明
雄略天皇　吉村武彦
継体天皇　若井敏明
*蘇我氏四代　遠山美都男
推古天皇　義江明子
聖徳太子　仁藤敦史
斉明天皇　武田佐知子
小野妹子・毛人　大橋信弥
*額田王　梶川信行
弘文天皇　遠山美都男
天武天皇　新川登亀男
持統天皇　丸山裕美子
阿倍比羅夫　熊田亮介
*藤原四子　木本好信
*柿本人麿　古橋信孝
*元明天皇・元正天皇　渡部育子
聖武天皇　本郷真紹
光明皇后　寺崎保広
*孝謙・称徳天皇　勝浦令子
藤原不比等　荒木敏夫
橘諸兄・奈良麻呂　遠山美都男
吉備真備　今津勝紀
*藤原仲麻呂　木本好信
道鏡　吉川真司
*藤原種継　木本好信
大伴家持　和田　萃
*行基　吉田靖雄

平安

*桓武天皇　井上満郎
嵯峨天皇　西別府元日
宇多天皇　古藤真平
醍醐天皇　石上英一
村上天皇　京樂真帆子
花山天皇　上島　享
*三条天皇　倉本一宏
藤原薬子　中野渡俊治
*藤原良房・基経　瀧浪貞子
菅原道真　竹居明男
*紀貫之　神田龍身
源高明　所　功
*安倍晴明　斎藤英喜
藤原実資　橋本義則
*藤原道長　朧谷　寿
*藤原伊周・隆家　倉本一宏
藤原定子　山本淳子
清少納言　三田村雅子
紫式部　竹西寛子
和泉式部　ツベタナ・クリステワ
大江匡房　小峯和明
*阿弖流為　樋口知志
坂上田村麻呂　熊谷公男
*源満仲・頼光　元木泰雄
平将門　西山良平
藤原純友　寺内　浩
最澄　吉田一彦
円珍　岡野浩二
*空也　石井義長
奝然　上川通夫
*源信　小原　仁
慶滋保胤　吉原浩人
*後白河天皇　美川　圭
式子内親王　奥野陽子
建礼門院　生形貴重
*藤原秀衡　入間田宣夫
平時子・時忠　元木泰雄
平維盛　根井　浄
守覚法親王　阿部泰郎
藤原隆信・信実　山本陽子

鎌倉

源頼朝　川合　康
*源義経　近藤好和
源実朝　神田龍身
*九条兼実　加納重文
九条道家　上横手雅敬
北条時政　野口　実
熊谷直実　佐伯真一
*北条政子　関　幸彦
北条義時　岡田清一
曾我十郎・五郎　杉橋隆夫
北条時頼　山本隆志
北条時宗　近藤成一
安達泰盛　山陰加春夫
平頼綱　細川重男
竹崎季長　堀本一繁
西行　光田和伸
鴨長明　浅見和彦
藤原定家　赤瀬信吾
*京極為兼　今谷　明
*兼好　島内裕子
重源　横内裕人
*運慶　根立研介
快慶　井上一稔
法然　今堀太逸
慈円　大隅和雄
明恵　西山　厚
*親鸞　末木文美士

恵信尼・覚信尼　西口順子
覚如　今井雅晴
*道元　船岡誠
叡尊　細川涼一
*忍性　松尾剛次
*日蓮　佐藤弘夫
一遍　蒲池勢至
夢窓疎石　原田正俊
*宗峰妙超　竹貫元勝

南北朝・室町

後醍醐天皇　上横手雅敬
*護良親王　新井孝重
*赤松氏五代　渡邊大門
*北畠親房　岡野友彦
楠正成　兵藤裕己
*新田義貞　山本隆志
*光厳天皇　深津睦夫
足利尊氏　市沢哲
*足利直義　亀田俊和
佐々木道誉　下坂守
円観・文観　田中貴子
足利義詮　早島大祐
足利義満　川嶋將生
足利義持　吉田賢司
足利義教　横井清
*大内義弘　平瀬直樹
伏見宮貞成親王　松薗斉
*山名宗全　山本隆志
細川勝元・政元　古野貢
足利成氏　阿部能久
世阿弥　西野春雄
雪舟等楊　河合正朝
宗祇　鶴崎裕雄
*満済　森茂暁
一休宗純　原田正俊
蓮如　岡村喜史

戦国・織豊

北条早雲　家永遵嗣
北条氏政　黒田基樹
大内義隆　藤井崇
斎藤氏三代　木下聡
*毛利元就　岸田裕之
*毛利輝元　光成準治
*今川義元　小和田哲男
六角氏五代　村井祐樹
*武田信玄　笹本正治
*武田勝頼　笹本正治
*真田氏三代　笹本正治
*三好長慶　天野忠幸
*宇喜多直家・秀家　渡邊大門
*上杉謙信　矢田俊文
島津義久・義弘　福島金治
*長宗我部元親・盛親　平井上総
吉田兼倶　西山克
山科言継　松薗斉
*雪村周継　赤澤英二
正親町天皇・後陽成天皇　神田裕理
足利義輝・義昭　山田康弘
織田信長　三鬼清一郎
豊臣秀吉　藤井讓治
*北政所おね　田端泰子
*淀殿　福田千鶴
前田利家　東四柳史明
*黒田如水　小和田哲男
*蒲生氏郷　藤田達生
*細川ガラシャ　田端泰子
伊達政宗　伊藤喜良
*支倉常長　田中英道
*長谷川等伯　宮島新一
顕如　神田千里
教如　安藤弥

江戸

*徳川家康　笠谷和比古
*徳川家光　野村玄
徳川吉宗　横田冬彦
*後水尾天皇　久保貴子
光格天皇　藤田覚
崇伝　杣田善雄
*春日局　福田千鶴
宮本武蔵　渡邊大門
*池田光政　倉地克直
保科正之　八木清治
シャクシャイン　岩崎奈緒子
*田沼意次　藤田覚
*二宮尊徳　小林惟司
*末次平蔵　岡美穂子
*高田屋嘉兵衛　生田美智子
*林羅山　鈴木健一
吉野太夫　渡辺憲司
中江藤樹　辻本雅史
*山崎闇斎　澤井啓一
山鹿素行　前田勉
*北村季吟　島内景二
伊藤仁斎　澤井啓一
貝原益軒　辻本雅史
松尾芭蕉　楠元六男
*ケンペル　B・M・ボダルト＝ベイリー
新井白石　大川真
荻生徂徠　柴田純
*雨森芳洲　上田正昭
石田梅岩　高野秀晴
白隠慧鶴　芳澤勝弘
前野良沢　松田清
平賀源内　石上敏
本居宣長　田尻祐一郎
杉田玄白　吉田忠
木村蒹葭堂　有坂道子
*大田南畝　沓掛良彦
菅江真澄　赤坂憲雄
*鶴屋南北　諏訪春雄
良寛　阿部龍一
*山東京伝　佐藤至子
*滝沢馬琴　高田衛
平田篤胤　山下久夫
国友一貫斎　太田浩司
シーボルト　宮坂正英
本阿弥光悦　岡佳子
小堀遠州　中村利則
狩野探幽・山雪　山下善也
尾形光琳・乾山　河野元昭
*二代目市川團十郎　田口章子
伊藤若冲　狩野博幸
鈴木春信　小林忠
*佐竹曙山　成瀬不二雄
葛飾北斎　岸文和
酒井抱一　玉蟲敏子
孝明天皇　青山忠正
*和宮　辻ミチ子
徳川慶喜　大庭邦彦
島津斉彬　原口泉
横井小楠　沖田行司
*古賀謹一郎　小野寺龍太
*永井尚志　高村直助
岩瀬忠震　小野寺龍太
*栗本鋤雲　小野寺龍太

大村益次郎　竹本知行
河合継之助　小川和也
西郷隆盛　家近良樹
*塚本明毅　塚本　学
*月　性　海原　徹
*吉田松陰　海原　徹
*高杉晋作　海原　徹
久坂玄瑞　一坂太郎
ペリー　遠藤泰生
ハリス　福岡万里子
オールコック　佐野真由子
アーネスト・サトウ　奈良岡聰智
緒方洪庵　米田該典

近代

*明治天皇　伊藤之雄
*大正天皇　F・R・ディキンソン
*昭憲皇太后・貞明皇后　小田部雄次
大久保利通　三谷太一郎
山県有朋　鳥海　靖
木戸孝允　落合弘樹
井上　馨　伊藤之雄
*松方正義　室山義正
北垣国道　小林丈広
板垣退助　小川原正道
長与専斎　笠原英彦

大隈重信　五百旗頭薫
伊藤博文　坂本一登
井上　毅　大石　眞
*井上　勝　老川慶喜
*桂　太郎　小林道彦
*渡邉洪基　瀧井一博
*乃木希典　佐々木英昭
星　亨　小林道彦
林　董　奈良岡聰智
*児玉源太郎　小林道彦
*高宗・閔妃　木村　幹
山本権兵衛　室山義正
*金子堅太郎　松村正義
高橋是清　鈴木俊夫
小村寿太郎　簑原俊洋
*犬養　毅　小林惟司
*加藤高明　櫻井良樹
牧野伸顕　小宮一夫
田中義一　黒沢文貴
内田康哉　高橋勝浩
石井菊次郎　廣部　泉
平沼騏一郎　堀田慎一郎
*鈴木貫太郎　小堀桂一郎
宇垣一成　北岡伸一
*宮崎滔天　榎本泰子
*浜口雄幸　川田　稔
幣原喜重郎　西田敏宏
関　一　玉井金五
水野広徳　片山慶隆

広田弘毅　井上寿一
安重根　上垣外憲一
*グルー　廣部　泉
*永田鉄山　森　靖夫
東條英機　牛村　圭
今村　均　前田雅之
蔣介石　劉　岸偉
石原莞爾　山室信一
木戸幸一　波多野澄雄
*岩崎弥太郎　武田晴人
伊藤忠兵衛　末永國紀
五代友厚　田付茉莉子
大倉喜八郎　村上勝彦
*安田善次郎　由井常彦
渋沢栄一　武田晴人
益田　孝　鈴木邦夫
山辺丈夫　宮本又郎
武藤山治　阿部武司・桑原哲也
池田成彬　松浦正孝
西原亀三　森川正則
小林一三　橋爪紳也
大倉恒吉　石川健次郎
大原孫三郎　猪木武徳
*河竹黙阿弥　今尾哲也
イザベラ・バード　加納孝代
*林　忠正　木々康子
*森　鷗外　小堀桂一郎
*二葉亭四迷　ヨコタ村上孝之

*夏目漱石　佐々木英昭
徳冨蘆花　半藤英明
巌谷小波　千葉信胤
樋口一葉　佐伯順子
*島崎藤村　十川信介
泉　鏡花　東郷克美
上田　敏　小林　茂
*有島武郎　亀井俊介
永井荷風　川本三郎
北原白秋　平石典子
菊池　寛　山本芳明
芥川龍之介　髙橋龍夫
*宮沢賢治　千葉一幹
高浜虚子　坪内稔典
与謝野晶子　佐伯順子
*種田山頭火　村上　護
*斎藤茂吉　品田悦一
*高村光太郎　湯原かの子
石川啄木　先崎彰容
萩原朔太郎　エリス俊子
*原阿佐緒　秋山佐和子
*狩野芳崖・高橋由一　古田　亮
*小堀鞆音　小堀桂一郎
竹内栖鳳　北澤憲昭
黒田清輝　高階秀爾
中村不折　石川九楊
横山大観　高階秀爾
*橋本関雪　西原大輔

小出楢重　芳賀　徹
土田麦僊　天野一夫
岸田劉生　北澤憲昭
*山田耕筰　後藤暢子
松旭斎天勝　川添　裕
中山みき　鎌田東二
佐田介石　谷川　穣
*ニコライ　中村健之介
出口なお・王仁三郎　川村邦光
島地黙雷　阪本是丸
*新島　襄　太田雄三
新島八重　佐伯順子
木下広次　冨岡　勝
海老名弾正　西田　毅
嘉納治五郎　クリストファー・スピルマン
柏木義円　片野真佐子
津田梅子　田中智子
*澤柳政太郎　新田義之
河口慧海　高山龍三
山室軍平　室田保夫
大谷光瑞　白須淨眞
*久米邦武　髙田誠二
フェノロサ　伊藤　豊
井上哲次郎　井ノ口哲也
三宅雪嶺　長妻三佐雄
*岡倉天心　木下長宏
志賀重昂　中野目徹
徳富蘇峰　杉原志啓

*竹越与三郎 西田 毅
内藤湖南・桑原隲蔵 礪波 護
*廣池千九郎 橋本富太郎
岩村 透 今橋映子
*西田幾多郎 大橋良介
*金沢庄三郎 石川遼子
柳田国男 鶴見太郎
厨川白村 張 競
天野貞祐 貝塚茂樹
大川周明 山内昌之
西田直二郎 林 淳
折口信夫 斎藤英喜
シュタイン 瀧井一博
*西 周 清水多吉
*福澤諭吉 平山 洋
成島柳北 山田俊治
福地桜痴 山田俊治
島田三郎 武藤秀太郎
田口卯吉 鈴木栄樹
*陸 羯南 松田宏一郎
黒岩涙香 奥 武則
長谷川如是閑 織田健志
*吉野作造 田澤晴子
山川 均 米原 謙
*岩波茂雄 十重田裕一
*北 一輝 岡本幸治
*穂積重遠 大村敦志
中野正剛 吉田則昭

*満川亀太郎 福家崇洋
エドモンド・モレル 林田治男
*北里柴三郎 福田眞人
高峰譲吉 木村昌人
田辺朔郎 秋元せき
*南方熊楠 飯倉照平
石原 純 金子 務
*辰野金吾 河上眞理・清水重敦
*七代目小川治兵衛 尼崎博正
ブルーノ・タウト 北村昌史

現代

昭和天皇 御厨 貴
高松宮宣仁親王 後藤致人
*李方子 小田部雄次
吉田 茂 中西 寛
マッカーサー 柴山 太
石橋湛山 増田 弘
重光 葵 武田知己
市川房枝 村井良太
*池田勇人 藤井信幸
高野 実 篠田 徹
和田博雄 庄司俊作
朴正熙 木村 幹
田中角栄 新川敏光

竹下 登 真渕 勝
*松永安左エ門 橘川武郎
鮎川義介 井口治夫
*出光佐三 橘川武郎
松下幸之助 米倉誠一郎
渋沢敬三 井上 潤
*本田宗一郎 伊丹敬之
井深 大 武田 徹
*佐治敬三 小玉 武
幸田家の人々 金井景子
*正宗白鳥 大嶋 仁
大佛次郎 福島行一
*川端康成 大久保喬樹
*薩摩治郎八 小林 茂
坂口安吾 千葉一幹
太宰 治 安藤 宏
松本清張 杉原志啓
安部公房 鳥羽耕史
*三島由紀夫 島内景二
井上ひさし 成田龍一
R・H・ブライス 菅原克也
柳 宗悦 熊倉功夫
バーナード・リーチ 鈴木禎宏
イサム・ノグチ 酒井忠康
熊谷守一 古川秀昭

川端龍子 岡部昌幸
藤田嗣治 林 洋子
*井上有一 海上雅臣
*手塚治虫 竹内オサム
古賀政男 藍川由美
*吉田 正 金子 勇
武満 徹 船山 隆
*八代目坂東三津五郎 田口章子
*力道山 岡村正史
*西田天香 宮田昌明
安倍能成 中根隆行
サンソム夫妻 平川祐弘・牧野陽子
和辻哲郎 小坂国継
矢代幸雄 稲賀繁美
石田幹之助 岡本さえ
*平泉 澄 若井敏明
*早川孝太郎 須藤 功
安岡正篤 片山杜秀
島田謹二 小林信行
田中美知太郎 川久保剛
前嶋信次 杉田英明
唐木順三 澤村修治
保田與重郎 谷崎昭男
*福田恆存 川久保剛
井筒俊彦 安藤礼二
佐々木惣一 伊藤孝夫
小泉信三 都倉武之
*瀧川幸辰 伊藤孝夫

矢内原忠雄 等松春夫
式場隆三郎 服部 正
*フランク・ロイド・ライト 大久保美春
*中谷宇吉郎 杉山滋郎
大宅壮一 有馬 学
今西錦司 山極寿一
清水幾太郎 庄司武史

*は既刊
二〇一七年三月現在